中華傳統文化圖典《漫畫易經》
Copyright © 2016 by 周春才
Korean Translation Copyright © 2021 by Gagyanal Publishers.
This translation is published by arrangement with Beijing Times Chinese Press Co., Ltd.
through SilkRoad Agency, Seoul, Korea. All rights reserved.

이 책의 한국어판 저작권은 실크로드 에이전시를 통해 Beijing Times Chinese Press와
독점 계약한 가갸날 출판사에 있습니다. 저작권법에 의해 한국 내에서 보호를 받는
저작물이므로 무단 전재와 복제를 금합니다.

만화 주역

저우춘차이 글·그림
김명신·김해경 옮김

가갸날

공백을 메워주는 놀라운 책

　유네스코는 세계의 문화유산을 발굴, 보호, 보존하는 일에 앞장서고 있다. 민족의식에 눈을 뜬 민족이라면 모두들 같은 인식을 갖고 있다. 《주역》은 경전 가운데 가장 으뜸 자리를 차지하는 동양 최고의 철학서이다. 오늘에 이르기까지 전통문화의 모든 영역에 그 영향력을 끼치고 있을 뿐 아니라, 자연과학과 인문과학에 미치는 계시와 충격 또한 세상 사람들의 주목을 끈다. 그런 까닭에 지금도 광범위한 독자들이 《주역》을 이해할 수 있기를 갈망하고 있다.

　방대한 문명 정보를 담고 있는 《주역》은 논리적 엄격성을 갖춘 거대한 체계이다. 심오함을 함축한 비유적인 표현과 문장의 모호성, 부호의 추상성이 접근을 가로막는데다 책이 쓰인 지 몹시 오래되었기 때문에, 그 내용을 이해하기는 여간 어려운 일이 아니다. 많은 사람들이 이내 좌절하곤 하는 이유다.

　화가 저우춘차이 선생은 중국의 전통철학과 문화에 대단히 조예가 깊은 분이다. 특히 진나라 이전의 전적에 애정을 기울여 적지않은 성과를 세상에 내놓았는데, 이번에 다시 《만화 주역》을 발표하기에 이르렀다. 풍부한 지식에 바탕한 역작이다. 이 책 역시 독자의 요구를 채워줌은 물론 문화 발전에 크게 기여할 것으로 믿는다.

　이 책은 그림과 문장이 모두 뛰어나다. '역'易의 심오한 세 가지 의미(이간易簡, 변역變易, 불역不易)를 밝히는 일에서부터 독자의 손을 잡고《주역》의 세계로 들어선다. 마치 보물을 헤아리기라도 하듯이, 옛사람들이 장대를 세워 그림자를 보고서 농사의 때를 맞추고, 천지의 상대적인 운동주기를 탐색한 일이며, 황하 중하류 유역 평원의 기후를 바탕으로 '하늘은 둥글고 땅은 모나다'는 인식에 이른 경위며, 하도河圖와 낙서洛書를 발견하고 창조함으로써 어떻게 우주의 변화법칙을 체현해내고, 나아가 《주역》이라는 천인합일天人合一의 이론체계를 도출했는지 하나하나 선보인다.

《주역》의 사고방식은 얼기설기 복잡하지만, 그 요체는 '상'象, '수'數, '이'理로 압축된다. 그 중에서도 '상'이 근본을 이룬다. 독자들이 이 같은 체계를 전부 이해할 수 있도록, 이 책은 공자가 지은《상전》象傳을 중심에 두고 주나라의 사실상의 창시자인 문왕이 창안했다는 괘사를 결합해 상, 수, 이를 한몸으로 묶어냈다. 그런 다음 64괘 전체를 해설한다. 간결한 언어로 요점을 알기 쉽게 설명하는 게 가장 큰 미덕이다.

《황제내경》이《주역》의 기초서적으로 일컬어지듯이, 한의학과 양생이론도《주역》과 거의 같은 시기에 탄생한 위대한 학설이다. 그 속에는 천인합일의 특색이 아주 명확하게 갖추어져 있다. 특히 오운육기五運六氣와 자오유주子午流注 등의 이론은 '역'易을 이해하고 심신을 양생하는 데

지도적 의의를 지닌다. 이 책에서도 상당한 지면을 할애애 그 심오한 이치를 아주 쉬운 말로 소개하고 있다.

이 책의 참신한 구상은 참으로 놀랍다. 정확한 고증에 근거하고 있어 학술적인 가치 또한 높다. 각계계층의 독자들이 즐거운 마음으로 읽을 수 있는 신뢰할 만한 책이다. 이 책의 출판은 문화 공백을 메우고 대중적 확산에 이바지할 쾌거라고 생각한다. 그런 이유로 독자 앞에 추천사를 써 올리게 되었다.

양리(중국의학연구원 교수·주역학자)

차례

	공백을 메워주는 놀라운 책	4
주역의 문을 열며	주역의 문을 열며	13
	구고勾股 정리	17
	하늘은 둥글고 땅은 모나다	22
주역의 시간 공간 배경	복희와 하도河圖	29
	대연수와 역학	39
	선천팔괘의 탄생	40
	태극도와 원시천체	50
	선천팔괘도	53
	우임금과 낙서洛書	57
	하도·낙서와 고삼역古三易	63
	문왕,《주역》을 만들다	65
	문왕팔괘도	70
	《주역》의 음양조합 원리	74
	고서법古筮法의 원리	80

주역 64괘

01. 건乾		87
02. 곤坤		97
03. 둔屯		105
04. 몽蒙		107
05. 수需		109
06. 송訟		111
07. 사師		113
08. 비比		115
09. 소축小畜		117
10. 이履		119
11. 태泰		121
12. 비否		123
13. 동인同人		125
14. 대유大有		127
15. 겸謙		129
16. 예豫		131
17. 수隨		133
18. 고蠱		135
19. 임臨		137
20. 관觀		139
21. 서합噬嗑		141
22. 비賁		143

23. 박剝	145
24. 복復	147
25. 무망無妄	149
26. 대축大畜	151
27. 이頤	153
28. 대과大過	155
29. 감坎	157
30. 이離	159
31. 함咸	161
32. 항恒	163
33. 둔遯	165
34. 대장大壯	167
35. 진晉	169
36. 명이明夷	171
37. 가인家人	173
38. 규睽	175
39. 건蹇	177
40. 해解	179
41. 손損	181
42. 익益	183
43. 쾌夬	185
44. 구姤	187

45. 췌萃   189
46. 승升   191
47. 곤困   193
48. 정井   195
49. 혁革   197
50. 정鼎   199
51. 진震   201
52. 간艮   203
53. 점漸   205
54. 귀매歸妹   207
55. 풍豐   209
56. 여旅   211
57. 손巽   213
58. 태兌   215
59. 환渙   217
60. 절節   219
61. 중부中孚   221
62. 소과小過   223
63. 기제既濟   225
64. 미제未濟   227

한의학과 주역은 한뿌리

한의학과 주역은 한뿌리	230
인체는 소우주, 천지는 거대한 인체	233
《주역》과 운기설	239
오운육기의 수리적 근거	255
물후物候와 역법	257
천간과 지지	258
남자는 왼쪽, 여자는 오른쪽	268
《주역》과 장상학설	270
《주역》과 경락학설	275
양생육자결	277
자오유주 원리	280
영구팔법이란 무엇인가	286
구궁九宮과 팔풍八風	288
십이소식괘와 한의학	295
주천周天 28수	300
간지干支 풀이	305
십이지지와 띠	308
오행학설과 장하長夏	309
황종黃鐘은 만사의 근본	310
맺는 말	316
옮긴이의 말	318

주역의 문을 열며

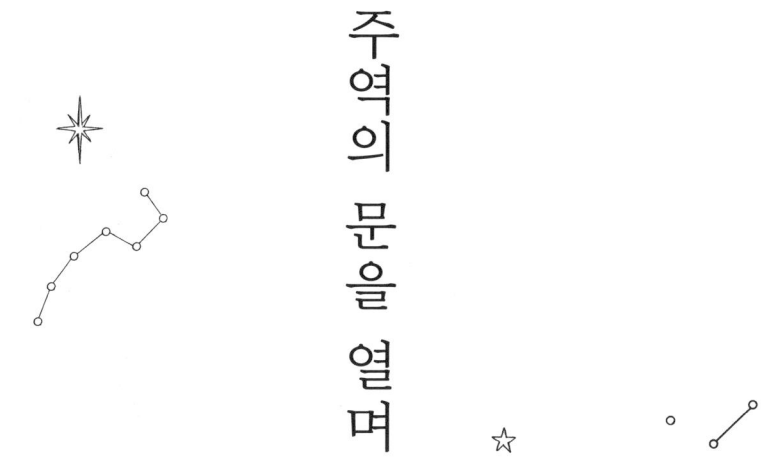

세계 각 민족은 석기시대에 이별을 고하고, 인류문명의 큰 길을 향해 매진하였다. 더불어 모든 방법을 다해 대자연의 굴레에서 벗어나기 위해 노력하였다. 하지만 거꾸로 대자연과 긴밀히 결합한 천인합일天人合一 사상을 배경으로 《주역》(후대에 삼경의 하나인 《역경》易經으로 받들어짐)과 한의학이 탄생하였으니…

《주역》의 '역'易은 '일'日과 '월'月의 두 글자로 이루어졌지. 일은 양陽, 월은 음陰으로, 그 심오한 철학적 이치를 보여주기에 충분하지.

동시에 '역'은 '이간'易簡, '변역'變易, '불역'不易이라는 세 가지 의미를 지니고 있다.

日 - 태양 太陽
易 - 이간 易簡 / 변역 變易 / 불역 不易
月 - 태음 太陰

우주만물은 언제나 변화하며 사람살이도 마찬가지야. 그래서 '변역'變易이라고 해.

하지만 항상 변화하며 멈추지 않는 우주에는 이와 반대로 항상적인 법칙이 존재하는데, 질서정연히 끊임없이 순환하므로 반드시 따라야 하는 법칙이 있다.

이 그림자가 가장 짧을 때가 바로 연중 제일 무더운 계절이지…

"우주는 거대한 인체人體이고, 인체는 소우주이다." 우주와 인체를 규정하는 이러한 불변의 법칙이 있기 때문에 '불역'不易이라고 한다.

대우주의 불역不易의 법칙을 이해해야 법칙에 맞게 살아갈 수 있다.

일음일양一陰一陽을 가리켜 도道라고 해.

소우주인 사람에게도 의거해야 할 법칙이 있으므로 '이간'易簡이라고 한다.

음陰에 치우치거나 양陽에 치우치면 병에 걸리지.

그런 까닭에 '역'易의 사고방식에 따라 자연 현상을 탐구하면 반드시 따라야 할 법칙을 발견하게 된다.

《역경》(주역)은 많은 경전 가운데 으뜸을 차지한다. 동양문명이 제공하는 세계관과 방법론의 토대이자 과학, 철학, 문화의 상징이다.

《주역》은 점복占卜 형식을 취하고 있지만, '대역大易은 점占을 말하지 않는다'. 그 진정한 의의는 우주 보편법칙의 본질을 밝히는 데 있다.

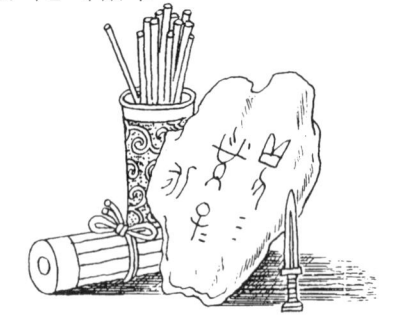

'경'經은 곧 도道와 이理를 가리킨다. 하늘의 이치와 인간의 도리를 해명하는 책을 '경'이라고 한다. '경'은 신성하고 권위 있는 책이다.

《주역》에서 우리 조상들은 하도河圖와 낙서洛書를 바탕으로 우주 시공간에 대한 총체적인 이해를 기능적으로 완성하고, 우주가 운행하는 거시적 미시적 원리를 극히 단순한 형태의 수학 언어로 묘사하였다. 그리하여 동양문화 전반의 해석체계와 추리체계를 구현하였다.

구고勾股 정리

실증파학적으로 말하면 우주라는 책은 수학 언어로 쓰여 있지. 거기에 사용된 기호는 삼각형과 원을 비롯한 기하학 도형들이야. 이 책을 통해 《주역》의 시공간 배경이 하나의 공리와 이론 위에 세워졌음을 알 수 있을 거야. 다만 이들 범주가 실증파학에 기반하거나 실증파학에 얽매인 것은 아니라서, 실증파학이 발달한다 해서 낙후되는 일은 없지.

구고勾股 정리는 우리 조상들이 수직으로 세운 막대의 그림자를 보고 농사의 때를 정하면서 천지의 상대적 운동주기를 탐구해 포착한 수학 원리다. 형식논리와 기하학의 발전이 극에 달한 오늘의 관점에서 보자면 무시해도 좋을 만큼 간단한 것이지만, 동양 전통문화 속에서 순수수학적 응용을 초월하는 독립적이고 중심적인 역할을 수행해온 데 의의가 있다.

여기에 담겨 있는 '천도의 수'天道之數는 태곳적 하늘의 뜻을 드러내는 거대한 법칙의 원동력으로, 사람들이 세상과 소통하고 자연과 대화하는 수단으로 널리 사용되었다. 또한 일찍이 사방으로 퍼져나가 동양문명의 큰 얼개를 구축하였다.

구, 고, 현의 합 50 (하도河圖에서)

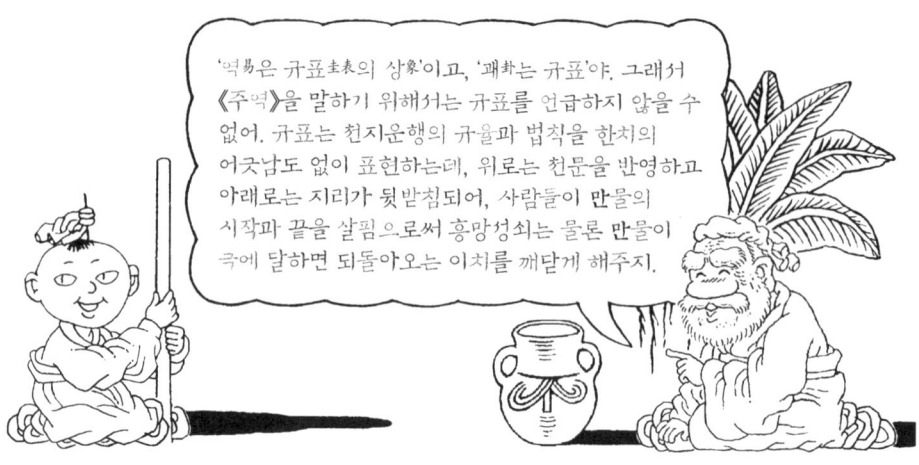

규표를 기술한 첫 책은 한나라 수학서 《주비산경》이다. 이론적 토대인 개천설蓋天說은 복희가 '주천원도'를 해명하기 위해 창안한 것이라고 전한다. 주공周公이 상나라에서 계승해 '주비'周髀라고도 한다. 비髀는 넓적다리를 가리킨다.

구勾는 표간表竿의 그림자, 현弦은 표간의 꼭대기에서 구勾까지의 빗변을 가리킨다. 옛사람들은 구고 정리를 계산하기 편하도록 8척(또는 8척의 배수)을 표간의 높이로 삼았다.

《주비산경》에는 옛사람들이 규표를 이용해 방위, 사계절, 24절기, 태양년의 길이를 정한 방법이 상세하게 기록되어 있다. 일출과 일몰을 보고 동쪽과 서쪽을 정하고, 한낮 정오의 가장 짧은 그림자를 참조해 남쪽을, 한밤중의 북극성을 이용해 북쪽을 정함으로써, 중앙과 사방을 구할 수 있었다.

옛사람들은 먼저 동지와 하지를 확정했다. 해 그림자가 가장 긴 날을 동지로 정해 한 해가 시작되는 날로 삼았다. 그리고 태양년이 365.25일임을 측정한 다음 해와 달의 교차를 비롯한 자연현상을 참조해 역법曆法을 확립하였다.

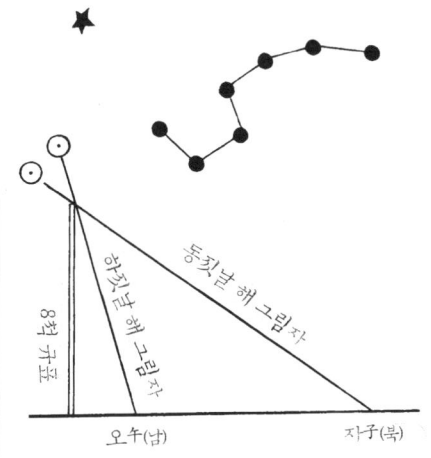

'하도'河圖와 '낙서'洛書는 바로 이같은 현상에 대한 구체적인 기록이다.

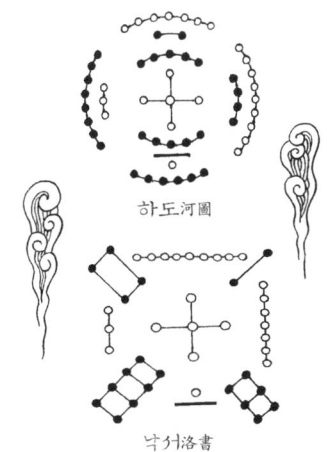

여기에서 '다시 처음의 하나로 되돌아간다'는 의미의 관용어 '일원복시'一元復始가 유래되었다.

'하도' '낙서'는 중국문화가 '다기원'임에도 '일중심'인 가장 유력한 근거가 될 수 있다. 중화문명 전체에 대한 세계관과 방법론을 제공하는 이 두 그림(선천팔괘와 후천팔괘가 파생되어 나옴)은 황하 중하류 유역의 온대 계절풍 기후 조건의 농업 경작(또는 생태) 생산방식 아래서만 완성될 수 있기 때문이다.

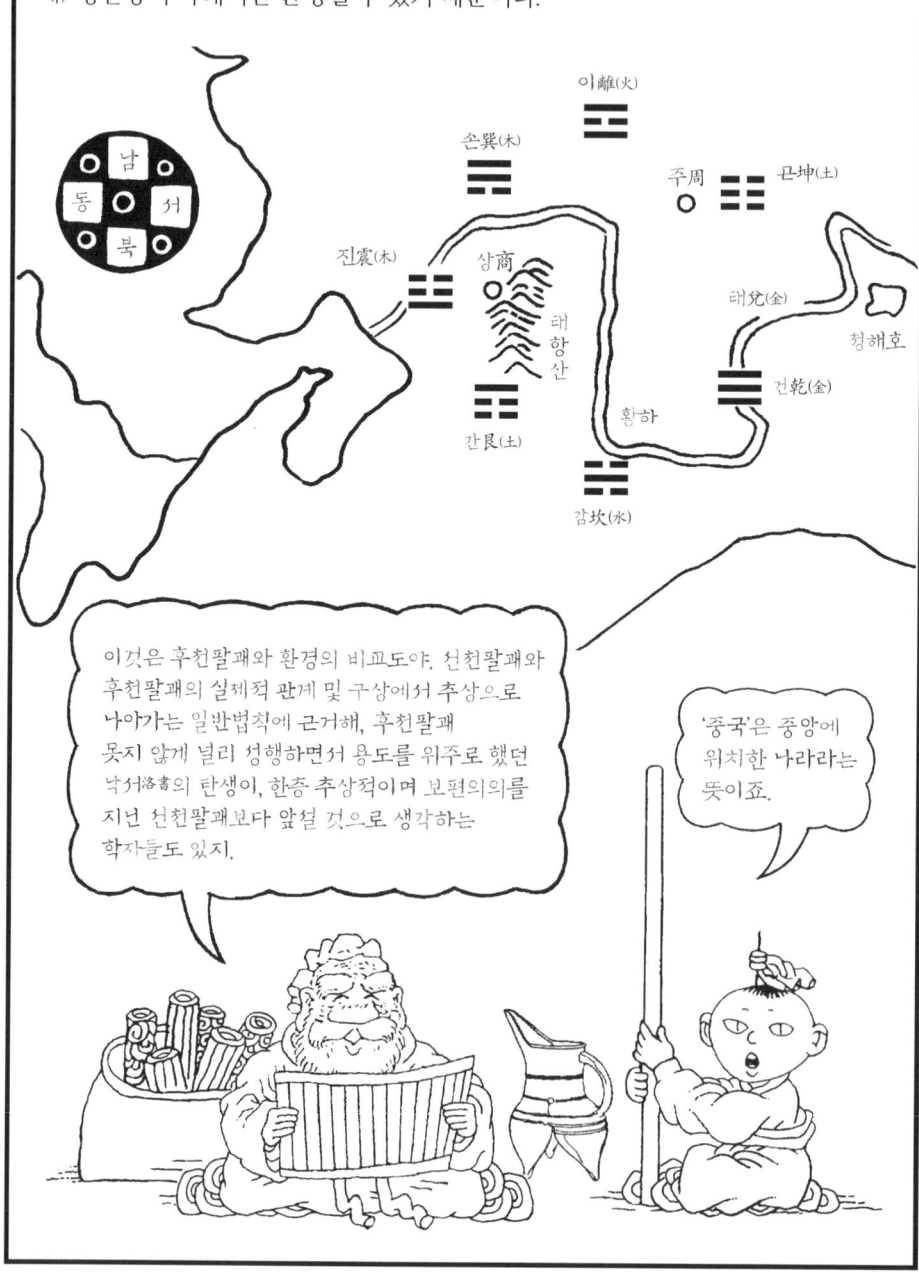

동쪽은 해가 일찍 뜨는데, 중앙이 한낮일 때 이곳은 해 그림자가 서쪽 하늘에 걸리고 바람이 많이 분다.

서쪽은 해가 늦게 뜨는데, 중앙이 정오일 때라야 이곳은 아침해가 솟아오르고 흐릴 때가 많다.

남쪽은 해 그림자가 짧고 고온다습하다.

북쪽은 해 그림자가 길고 기후는 한랭하다.

중앙은 하늘과 땅이 조화롭고 사계절이 있어서 더위와 추위 걱정이 없다. 비바람이 알맞아 바람이나 홍수 피해가 없고, 음양이 조화를 이루어 한쪽으로 넘치지 않으니 물산이 풍부하고 백성들이 편안하다.

하늘은 둥글고 땅은 모나다

황제黃帝 시대인 5천여 년 전에 종琮과 벽璧 같은 제사용 그릇을 사용하며 사물의 규칙을 정하기 시작한 이래, 중화문명의 기능적 취향을 나타내는 문화선택 메커니즘과 '천인합일'의 우주관이 형성되었다. '개천설'蓋天說은 이런 배경에서 확립되었다.

'천원지방'天圓地方이라는 말은 그 구조보다 사람에 대한 천지의 기능에 중요성이 있다. 그래서 나중에 혼천설渾天說이 흥기하여 대지의 자오선을 실측한 다음에도 개천설은 동양 전통문화 전반에 걸친 방법론적 지위를 잃지 않았다.

'규표 그림자의 증감이 천 리에 1촌'이라 한 것은 황하 중하류 평야를 특정해 설명하는 것임에 틀림없다. 이 한정된 지역의 수치를 산점투시 방식으로 과거 혹은 미지의 넓은 공간에 적용한 것은 변증과학의 방법론 때문이다. 개천설은 천지운행의 메커니즘인 칠형도七衡圖를 상세히 증명해주는데, 천지의 구조보다는 기능에 초점을 맞추고 있다.

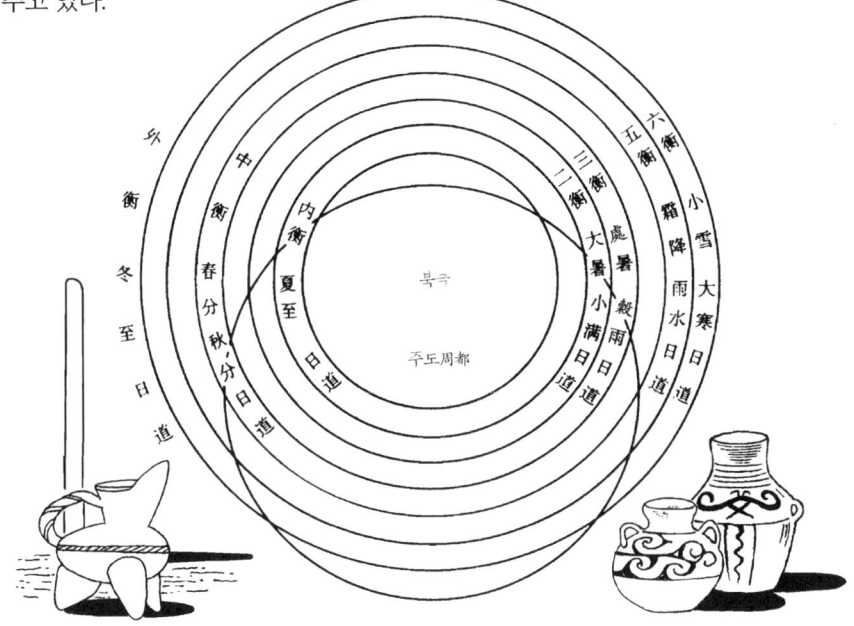

《주비산경》'칠형도'

진자陳子와 영고榮高의 대화를 통해 《주비산경》은 태양이 한 평면 위에서 북극을 선회한다고 가정한다. 이 평면은 지면과 평행하며, 움직이지 않는다. 관측 데이터와 직각삼각형의 비례관계를 이용해 태양의 높이, 햇빛이 비치는 장소, 사람이 바라볼 수 있는 거리, 별자리, 세상의 넓이 등을 논증한다.

칠형도에 따르면 옛사람들은 중원지역의 자연현상뿐 아니라, 북극 아래 여름에도 녹지 않는 얼음이 있고 6개월간은 태양을 볼 수 없으며, 적도 좌우에 겨울에도 죽지 않고 한 해를 더 사는 풀이 있다는 사실 등을 추리해냈다.

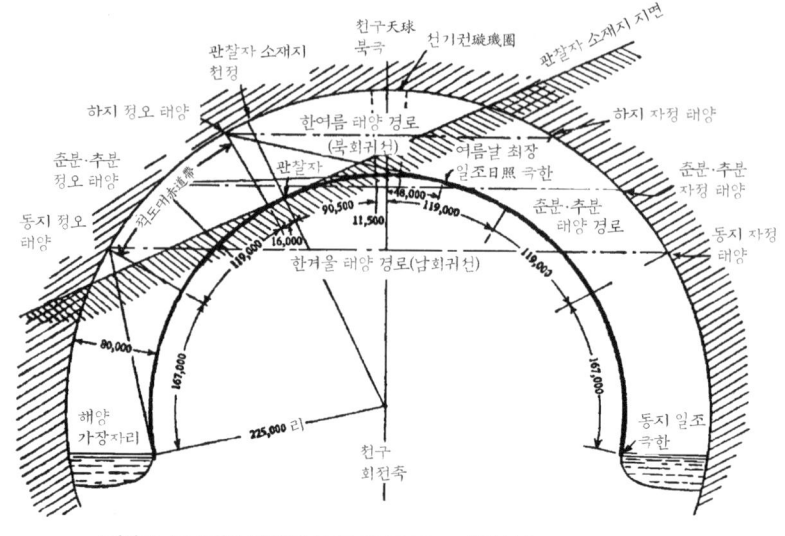

*이약슬,《중국과기사科技史》중(蓋天說世界圖式原圖)에서 인용.

이로써 개천설은 수학적 방법을 응용하고 관측과 이론을 결합한 이성적 차원의 모형으로서 자연현상을 기술하고 자연법칙을 종합할 수 있게 되었다.

이것은 나중의 실증과학에 의한 지구 5대 기후대와 뜻밖에도 부합한다. 서양인들이 지상에 권역을 설정한 데 반해 고대 동양인들은 하늘의 권역을 나누었을 뿐이다.

구고 정리는 '해, 달, 별의 높이, 행도行度의 지체, 일식과 월식 등을 관측하는 데 최초로 적용되었다. 아울러 사각형, 삼각형, 원, 호, 구 등의 다양한 모양을 계산하는 데 응용되었다. 그러나 개천설의 지향성으로 인해 옛사람들은 우주의 '질박하고 아름다운 중심 메커니즘'을 포착하고, 인간과 자연의 조화 통합을 추구하는 데 초점을 두었다.

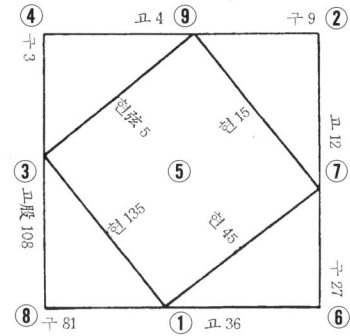

바로 이런 의미에서, '구句 3, 고股 4, 현弦 5'와 '대연수大衍數 50'의 '천도의 수'는 '하도'와 '낙서'의 탄생에 충분한 이성적 근거를 제공한 것이죠.

구고 정리의 기초 위에 세워진 낙서洛書는 동양 전통문화 전반에 대한 논리의 틀이 되었다.

이로써 《주역》은 물론 하도, 낙서 본래의 의미를 쉬 이해할 수 있게 되었다. 동양문명의 틀 속에서 전체 우주는 하나의 바둑판이자 우주의 크기는 주비周髀 숫자 속에 존재하며, 역학적 시공체계는 그와 같은 법칙에 의해 세워진 완전한 모식도이다.

주역의 문을 열며

주역의 시간 공간 배경

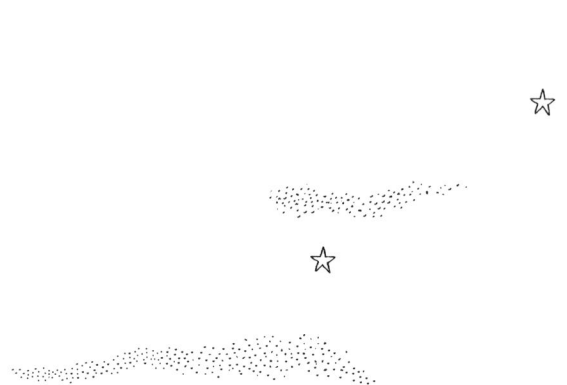

음이 있으면 양이 있고,
양이 있으면 음이 있다.
들은 서로 반발하면서 서로 의존한다.
순환을 멈추지 않고 상호작용하면서
천지의 법칙을 형성한다.

복희와 하도 河圖

천하의 일은 그 기본원리를 따르면 방도가 있고, 물길이 소통하면 흐름이 끊기지 않지. 마찬가지로《주역》의 원리를 올바르게 이해하면 그 요령과 정수를 터득할 수 있어.

먼 옛날...

시간은 언제 시작되고, 공간의 끝은 어디이며, 생명은 어떻게 발생하였을까?

만물이 번영을 멈추지 않는 것은 도대체 어떤 의지 때문이며, 또한 어떤 법칙을 따르기 때문일까?

겨울이 오면 여름이 가고, 여름이 가면 겨울이 온다. 추위와 더위가 바뀌며 봄, 여름, 가을, 겨울의 사계절이 형성된다.

주역의 시간 공간 배경

'간다'는 것은 한 번 가면 다시는 돌아오지 않는다는 의미가 아니라, 잠시 활기를 잃는 것일 뿐이다. '온다'는 것도 영원히 존재한다는 의미가 아니라, 잠시 세력이 확장되는 것에 불과하다.

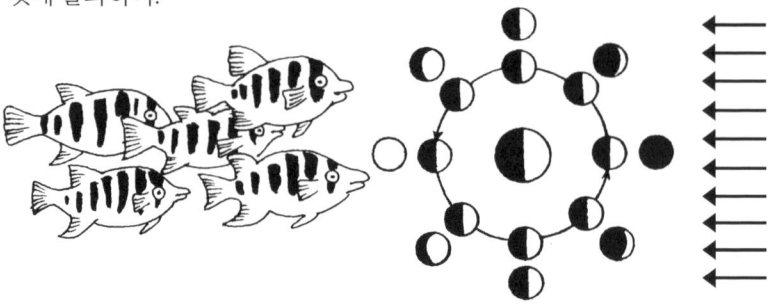

음과 양의 상호반응 때문에 동動과 정靜의 변화가 생기고, 만물이 번영한다.

음이 있으면 양이 있고, 양이 있으면 음이 있다. 둘은 서로 반발하면서 서로 의존한다. 순환을 멈추지 않고 상호작용하면서 천지의 법칙을 형성한다.

우주의 모든 변화는 이런 것이라네.

주역의 시간 공간 배경

어느 날 황하 물길 속에서 불현듯 용마龍馬가 출현하였다. 그 순간 복희는 정신이 강렬하게 고양되어 자신과 자연 사이에 말로 형용하기 어려운 조화가 발생함을 깨달았다.

복희는 용마의 등에 새겨져 있는 그림을 옮겨 그렸는데, 자신이 천문과 만물의 형상을 관찰해 깨달은 내용과 정확히 일치하는 그림임을 발견하였다.

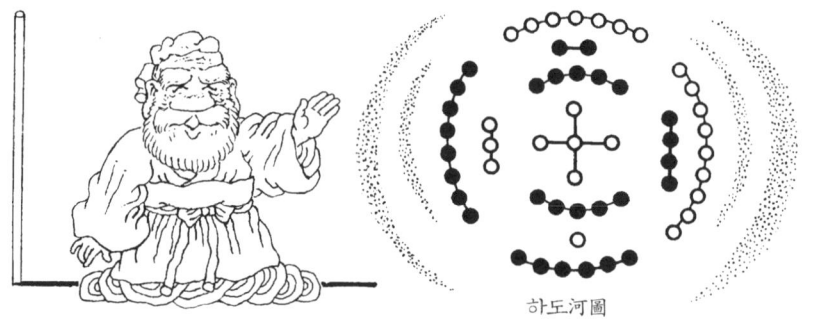

그 진리의 요체는 '표간의 그림자를 보고 농사의 시기를 정하는' 천체관측법 속에 들어 있는데, 복희는 우주의 블랙박스를 열어보지도 않고 규표를 통해 이미 그 오묘한 비밀을 파악하고 있었다.

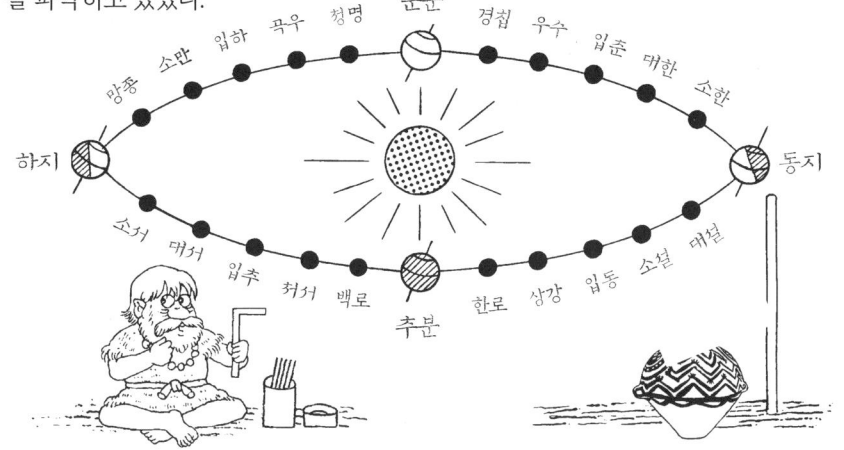

하지와 동지가 황도黃道를 이등분해 '하나가 나뉘어 둘'이 되는 음양의 도가 형성되고, 음양 이기二氣에도 홀수 '○'과 짝수 '●-●'의 형상이 생겼다.

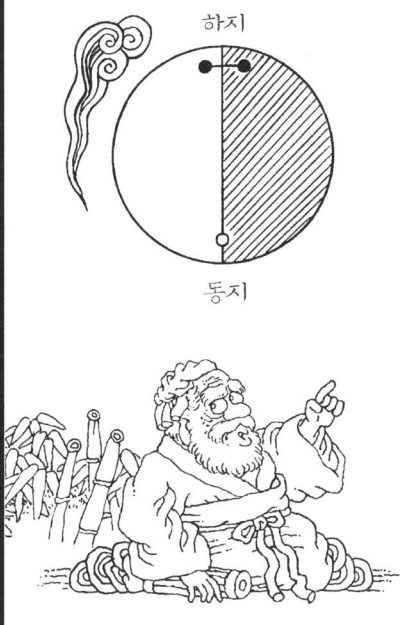

또한 춘분과 추분이 낮과 밤을 거의 이등분하기 때문에 주천周天은 상하로도 이등분된다. 춘분과 추분을 연결하는 선과 하지와 동지를 연결하는 선이 각각 천구天球를 이등분해 4개로 나뉘므로, 사계가 형성된다.

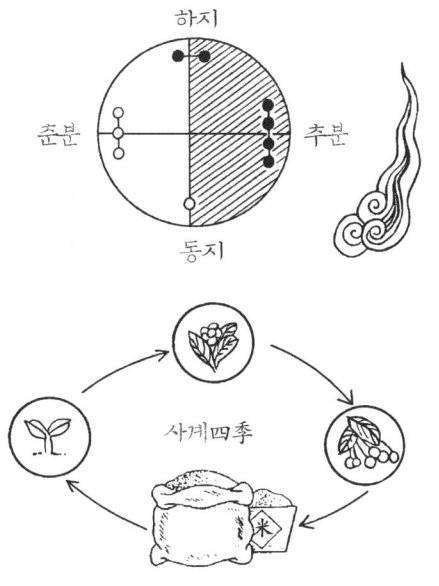

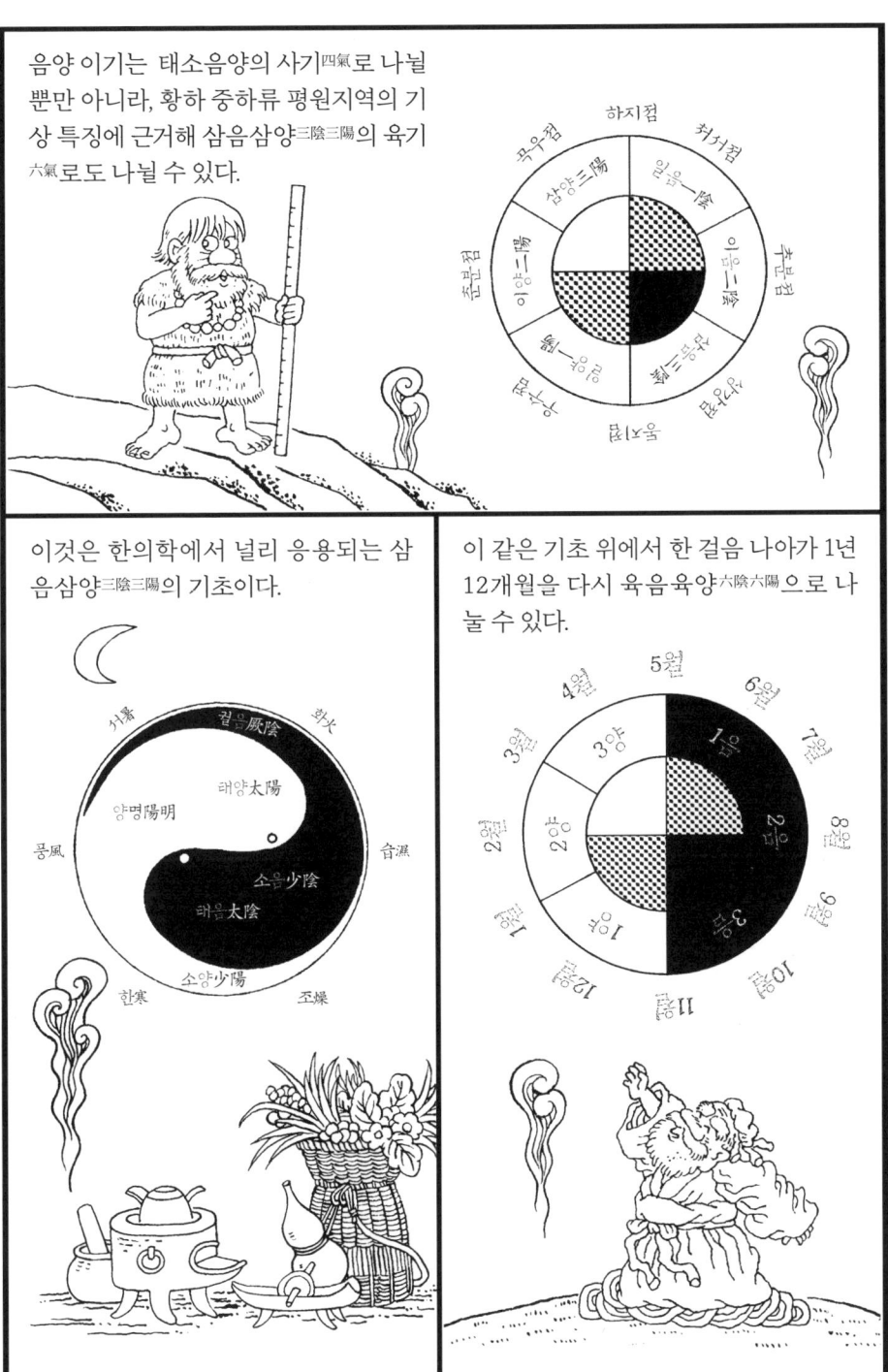

음양 이기는 태소음양의 사기四氣로 나뉠 뿐만 아니라, 황하 중하류 평원지역의 기상 특징에 근거해 삼음삼양三陰三陽의 육기六氣로도 나뉠 수 있다.

이것은 한의학에서 널리 응용되는 삼음삼양三陰三陽의 기초이다.

이 같은 기초 위에서 한 걸음 나아가 1년 12개월을 다시 육음육양六陰六陽으로 나눌 수 있다.

주역의 시간 공간 배경 35

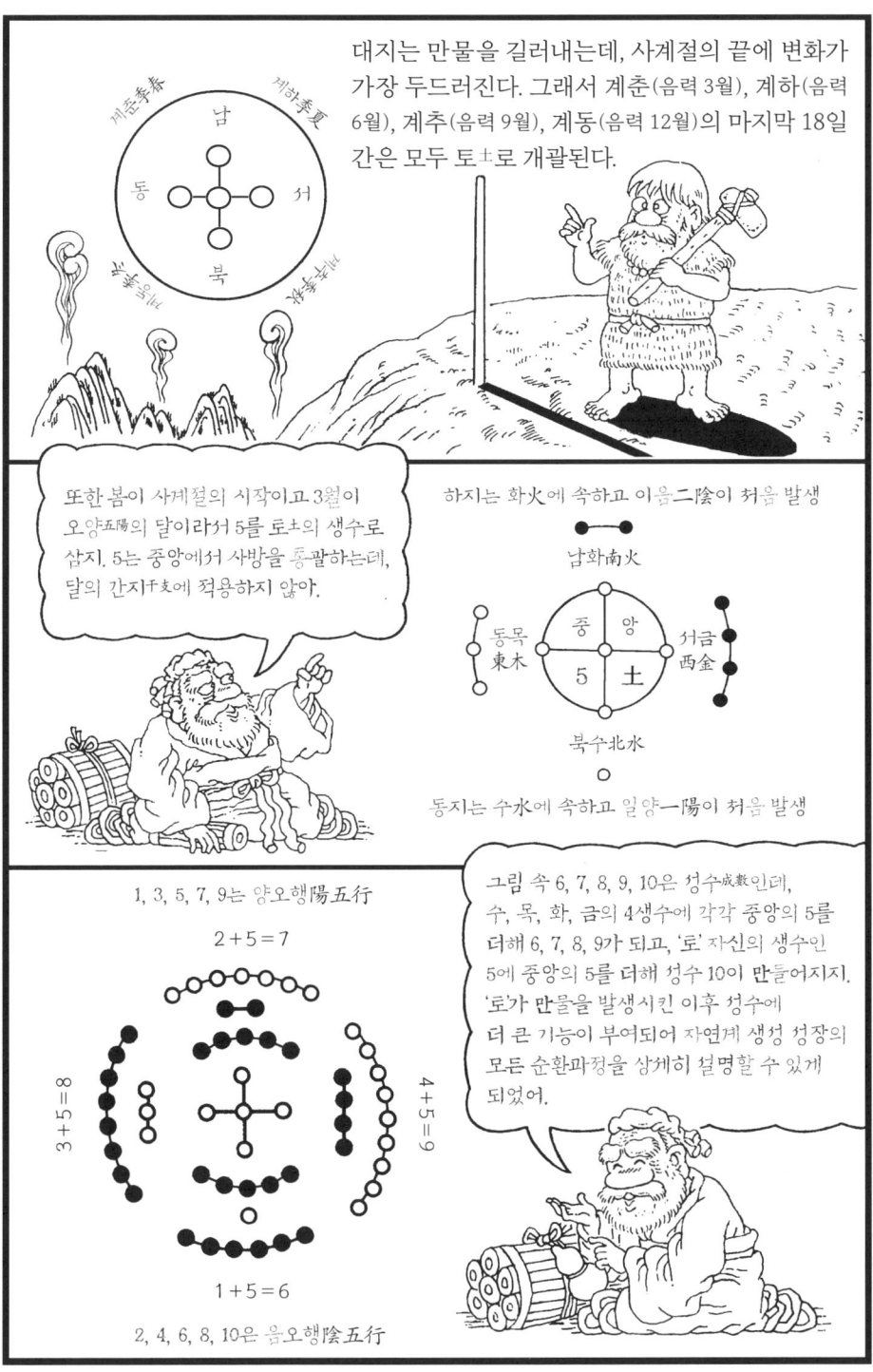

동시에 하도河圖는 목성, 화성, 토성, 금성, 수성 5개의 별이 실제 하늘에 나타난 기록이다. 수성은 11월과 6월의 황혼녘에 북쪽, 목성은 3월과 8월의 황혼녘에 동쪽, 화성은 2월과 7월의 황혼녘에 남쪽, 토성은 5월과 10월의 황혼녘에 천중天中, 금성은 4월과 9월의 황혼녘에 서쪽 하늘에서 관찰된다.

'하도'의 숫자를 합하면 천수天數 55의 천지생성도가 나온다. 시간과 공간을 좌표로 기능적인 측면에서 모든 자연만물의 이치를 묘사할 뿐 아니라, 동양 변증과학의 우주모형도를 보여주고 있다.

대연수와 역학

하도의 수 55에서 생수 5를 빼면 50이 된다. 50이라는 수는 바로 옛사람들이 장대를 세워 그 그림자의 길이를 보고 농사의 시기를 정하던 때에 발견한 구, 고, 현의 제곱의 합과 일치한다.

사공을 아울러 나온 이 숫자는 천지의 이치를 포괄한 것이라서 '대연수'大衍數로 사용되고 있지.

'대연수'의 '대'는 우주의 극치를 가리키고, '연'은 연산을 의미한다. 옛사람들은 이 숫자가 우주공간 변화운행의 다양한 정보를 나타낸다고 여겨, 사물의 변화법칙을 파악하기 위해서는 이 숫자를 근거로 해야 한다고 생각했다.

옛 서법筮法(계사상전)은 '대연수는 50이고 그 용례는 49'라고 하였는데, 이 또한 규표를 운용해 얻은 것이다. '한 가지를 남겨두고 사용하지 않음으로써' 자연의 운행을 바탕으로 한 서법에 의해 '6, 7, 8, 9' 음양노소陰陽老少를 대표하는 4개의 하도 바깥 수를 얻을 수 있었다.

이 그림은 하도 체계 중의 28수宿 천구로, 8개 삼각형 면적의 합은 7×7=49이다.

이것은 '규천구지'規天矩地의 그림으로, 사방 별자리 7을 지름으로 하고, 하늘(원)과 땅(네모)의 둘레를 더하면 49라는 수를 얻을 수 있다.

4×7=28
지름 7
3×7=21
(28+21=49)

주역의 시간 공간 배경   39

선천팔괘의 탄생

하도는 우주의 총체적 기능과 자연의 보편적 체계에 대한 기록이다. 복희는 이를 모델 삼아 '천문을 우러르고, 지리를 관찰하고, 멀리 만물을 살피고, 가까이는 신체를 살펴' 얻은 지식을 대입해 자연의 법칙을 드러내 보임으로써, 만물의 정황을 설명해 주는 '선천팔괘'先天八卦를 창안하였다.

먼저 '하도' 숫자의 이치를 궁구하여 '1'과 '2'의 의미를 정리하였다.

1은 하늘을 나타냄 2는 땅을 나타냄

땅은 하늘(자연)의 일부분이므로 하늘이 자신의 1에 2를 더해 더불어 '3'을 상징하게 하였다.

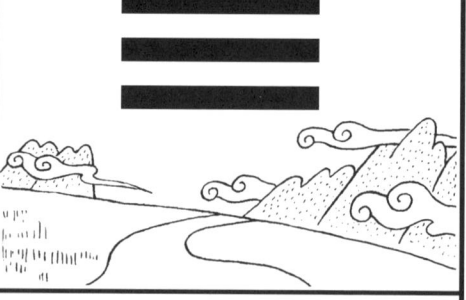

팔괘에서 사용되는 숫자는 모두 '삼천'三天과 '이지'二地에서 나왔는데, 예를 들어 7은 소양, 8은 소음, 9는 노양, 6은 노음이다.

一 二 三 四 五 六 七 八 九

$2+2+3=7$ (소양少陽)
$3+3+2=8$ (소음少陰)
(순천수純天數) $3+3+3=9$ (노양老陽)
(순지수純地數) $2+2+2=6$ (노음老陰)

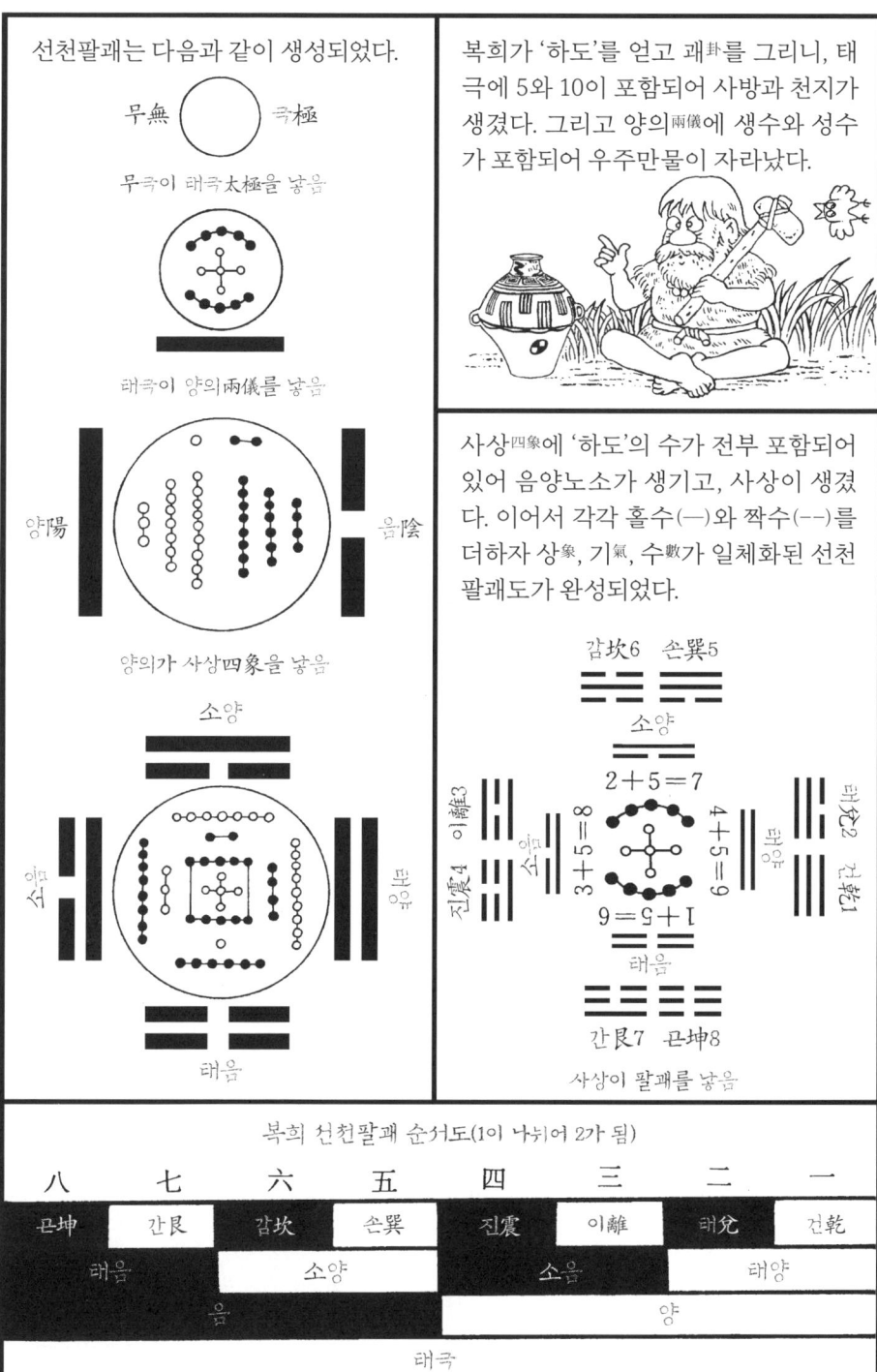

형체를 초월한 추상적인 것을 '도'道, 눈에 보이고 손에 잡히는 구체적인 것을 '기'器라고 한다.

선천팔괘는 곧 '도'이다. 춘추전국시대의 유가儒家학설에서 '도'와 '기'는 서로 나눌 수 없는 밀접한 관계이다.

글은 말을 모두 나타낼 수 없고, 말은 뜻을 모두 나타낼 수 없다. 곧 글은 하고 싶은 말을 완전히 표현할 수 없고, 말은 마음속에 담고 있는 생각을 완전히 표현할 수 없다. 《역경대전》

그런 까닭에 성인은 괘를 설정하고 상象을 세워 말로 나타낼 수 없는 우주만물의 복잡한 변화를 담아내었다.

그리고 그 추상적인 원리와 구체적인 사물을 결합 응용하였는데, 이를 가리켜 '변變'이라고 한다.

한층 깊이 추산해 실행시키고 기능을 발휘시키는 것을 '통通'이라고 한다. 곧 융합관통이다. 이 같은 기초 위에서 사람들이 사용 가능하도록 기능을 제공하는 것 또한 《주역》의 효용이다. 예를 들어보자,

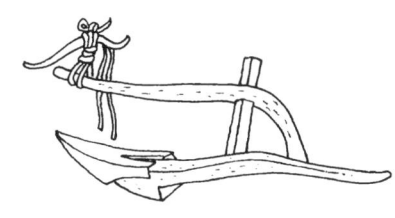

익益
상괘上卦 손巽은 목木
하괘下卦 진震은 동動
나무 쟁기로 밭 가는 모습을 상징

환渙
상괘上卦 손巽은 목木
하괘下卦 감坎은 수水
배가 물 위를 나아가는 모습을 상징

주역의 시간 공간 배경

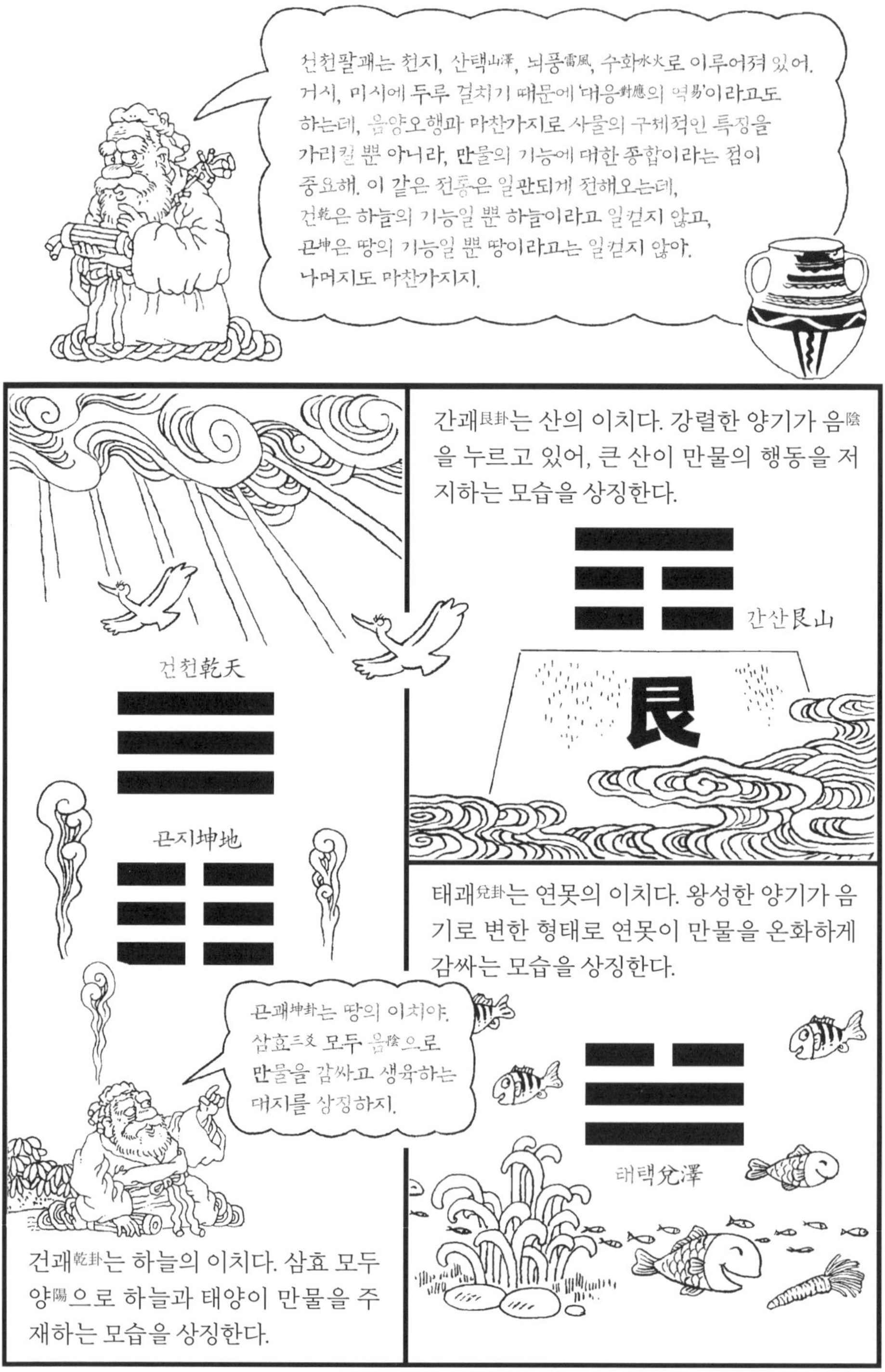

선천팔괘는 천지, 산택山澤, 뇌풍雷風, 수화水火로 이루어져 있어. 거시, 미시에 두루 걸치기 때문에 '대응화응大應化應의 역易'이라고도 하는데, 음양오행과 마찬가지로 사물의 구체적인 특징을 가리킬 뿐 아니라, 만물의 기능에 대한 종합이라는 점이 중요해. 이 같은 전통은 일관되게 전해오는데, 건乾은 하늘의 기능일 뿐 하늘이라고 일컫지 않고, 곤坤은 땅의 기능일 뿐 땅이라고는 일컫지 않아. 나머지도 마찬가지지.

건천乾天

곤지坤地

곤괘坤卦는 땅의 이치야. 삼효三爻 모두 음陰으로 만물을 감싸고 생육하는 대지를 상징하지.

건괘乾卦는 하늘의 이치다. 삼효 모두 양陽으로 하늘과 태양이 만물을 주재하는 모습을 상징한다.

간괘艮卦는 산의 이치다. 강렬한 양기가 음陰을 누르고 있어, 큰 산이 만물의 행동을 저지하는 모습을 상징한다.

간산艮山

艮

태괘兌卦는 연못의 이치다. 왕성한 양기가 음기로 변한 형태로 연못이 만물을 온화하게 감싸는 모습을 상징한다.

태택兌澤

진괘震卦는 천둥의 이치다. 양기가 음기 아래 놓여 있는데, 천둥이 만물을 깨워 일으키는 모습을 상징한다.

감괘坎卦는 외유내강으로 물이나 비가 만물을 적시는 모습을 상징한다.

이괘離卦는 양기가 바깥쪽에 존재하고 내부는 비어 있다. 태양과 불이 만물을 따뜻이 건조시키는 모습을 상징한다.

손괘巽卦는 바람의 이치다. 음기가 강대한 양기 아래 놓여 있는데, 바람이 양기를 사방으로 흐트러뜨림을 상징한다.

옛사람들은 자연계를 세밀히 관찰해 인간에게 가장 큰 영향력을 끼치는 것은 천상天象과 지형으로, 팔괘와 그 부호가 상징하는 것은 그들의 요소에 지나지 않는다고 생각했다.

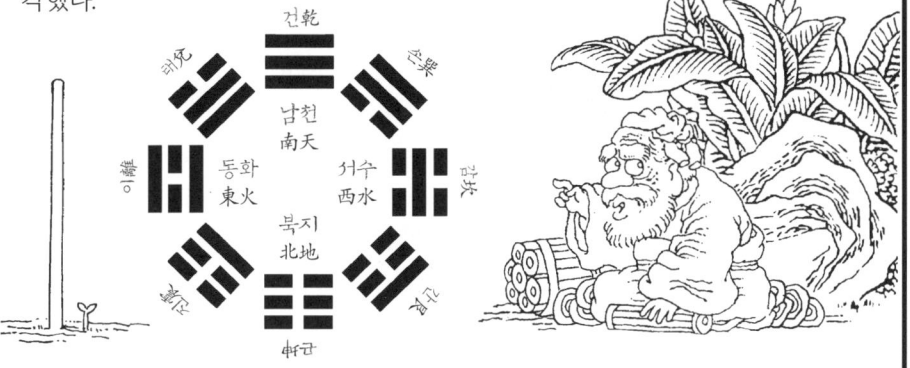

주역의 시간 공간 배경　　45

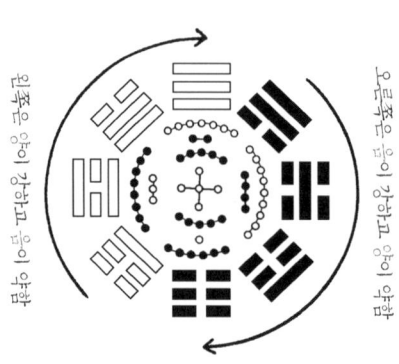

양괘에는 음이 많고 음괘에는 양이 많음

간艮은 산이 많은 서북, 태兌는 물이 많은 동남을 상징한다. 연못으로 흘러든 산 위의 물은 증발해 구름이 되고, 비가 되어 내려 다시 산 위에서 흘러내린다. 둘은 이처럼 보완 관계이다.

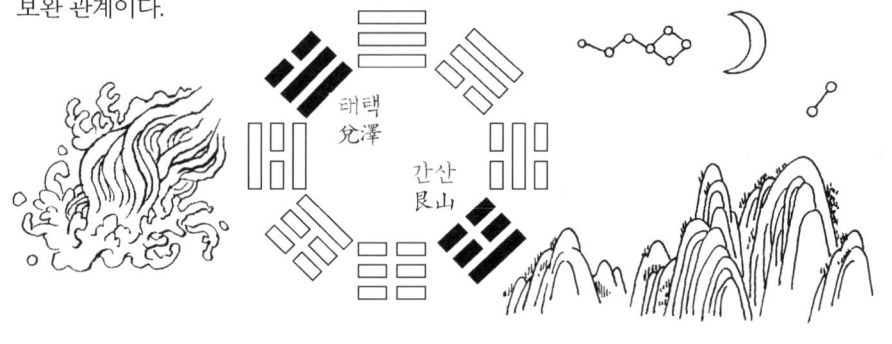

감坎은 물, 이離는 불을 상징한다. 둘은 성질이 상반되지만 서로 혐오하지는 않는 속에서 상호작용한다.

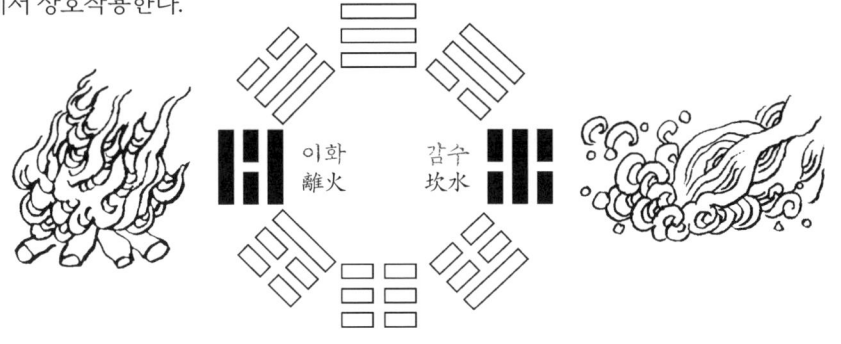

건乾의 하늘은 만물을 주재하고, 곤坤의 땅은 만물을 감싸 안는다. 각 괘는 서로 조화를 이루어 만물의 균형과 상생의 이치를 구현한다.

선천팔괘가 서로 잘 통하는 이유는 형태적 측면에서 볼 때 4개조 괘의 각 효爻의 음양이 상반되어 대립통일의 관계를 갖추고 있기 때문이다.

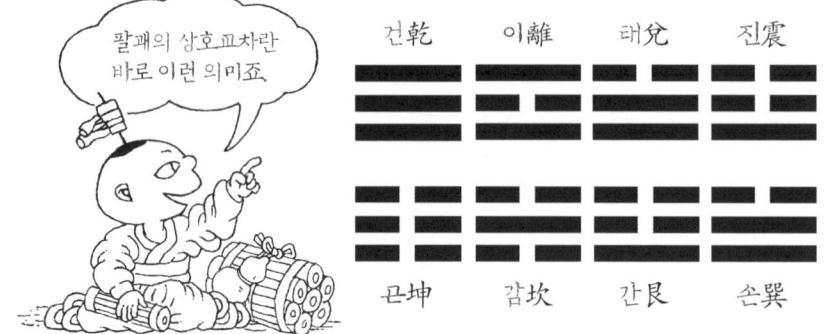

삼라만상이 모두 괘 속에 들게 됨으로써, 과거를 이해하고 미래를 추정하는 데 이용할 수 있게 되었다.

이리하여 팔괘는 음양이 서로를 감싸는 모습의 태극도太極圖로 변하는데, 네 개의 양괘는 시계바늘 방향과 거꾸로 움직여 천체의 선회를 상징하고, 네 개의 음괘는 시계바늘 방향으로 움직여 지구가 자기장의 선회를 감지함을 나타내지.

여기에는 이해할 수 없는 수수께끼가 하나 있는데, 선천팔괘의 네 양괘는 왼쪽으로 순행하지만 하도의 숫자는 오른쪽으로 역행한다는 점이다.

왜 그럴까?

북쪽 기점(왼쪽 방향 순행)

원래 하도가 대지의 각도에서 천체현상을 기록했기 때문이다. 복희는 '생기生氣가 양의 뿔 모양으로 상승'하는 현상을 관찰한 다음 해와 달이 실제 오른쪽으로 도는 객관적인 운동을 깨달았다.

하도에서 서로 대립되는 운동을 간소화하는 기법을 사용해 괘를 만들었는데, 하늘이 시계가 도는 반대방향으로 회전하도록 했지.

음은 양에, 양은 음에 뿌리를 두고 있어, 음이 홀로 생기거나 양이 홀로 오래 지속되는 법은 없지. 음이 변화하고 양이 합쳐지는 순환이 끝없이 지속되는 게 우주의 근본법칙이야.

태극환太極環

선천팔괘를 3차원 그림으로 만들면 이처럼 '뫼비우스의 띠' 모양이 된다.

주역의 시간 공간 배경   49

태극도와 원시천체

매우 상징적인 의미를 갖고 있는 이 태극도는 오랜 옛날 사람들이 장대를 세워 그림자를 보고 사방의 추위와 더위를 판별하던 때에 얻은 천지운행의 실측도이자 원시 태극도야.

그림의 원을 24등분하면 1년 24절기를 나타내는데, 각기 15일 동안 해 그림자의 신축 상황을 반영한 것이다. 원의 반경을 다시 여섯 개의 동심원으로 나누면, 각각의 등분은 4개 그림자의 길이가 되어 한 달 동안 해 그림자의 신축 상황을 나타낸다. 24개 그림자의 길이를 곡선으로 연결해 음영 부분을 검게 칠하면, 다음과 같은 원시 태극도가 만들어진다.*

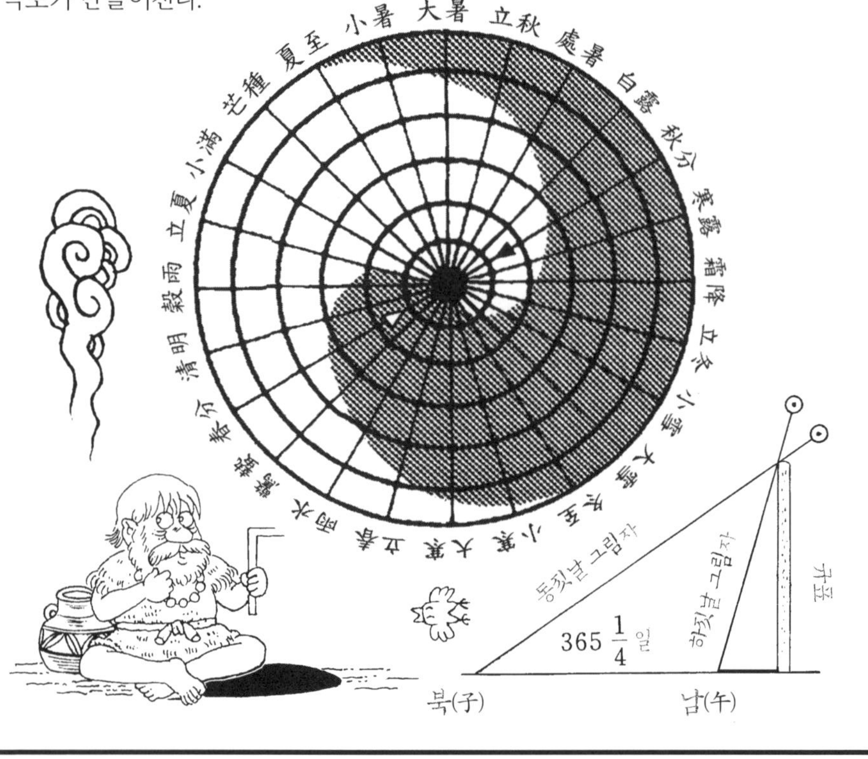

* 田合祿,《太極圖是原始天文圖》.

그림 속 큰 원은 태양의 시궤도(視軌道)인 황도(실제는 지구의 공전궤도)를 나타낸다. 원반이 시계바늘의 역으로 움직이는 것은 태양의 연중 시궤도가 우선회라는 의미이며, 공 모양의 유표(遊標)가 시계바늘과 같은 방향으로 움직이는 것은 태양의 1일 시궤도가 1년 동안의 궤적(실제는 지구의 자전궤도), 곧 적도임을 나타낸다.

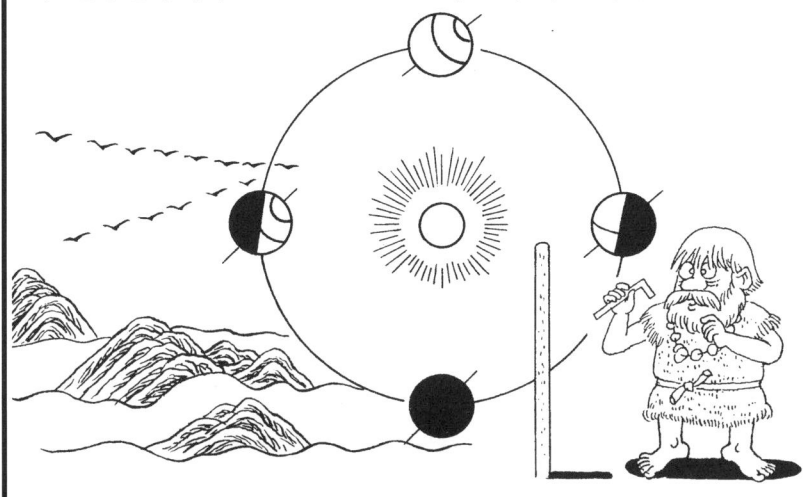

황적협각은 황도와 적도 사이의 끼인 각으로 물고기 두 마리의 꼬리지느러미 각도에 해당한다. 이로 인해 태양의 직사점이 대지 위를 왕복이동한다.

이것은 회귀운동으로서 지구에 사계절이 생기고 만물이 생성하게 한다. 따라서 태극곡선은 생명선이고, 태극도는 태양회귀년의 음양 리듬 주기를 나타낸다.

황적협각은 23°26′21″

주역의 시간 공간 배경

태극도의 중심점은 북황극점, 음양의 물고기 눈은 북적극점이다. 북적극은 북황극을 둘러싸고 느린 속도로 원주운동을 한다.

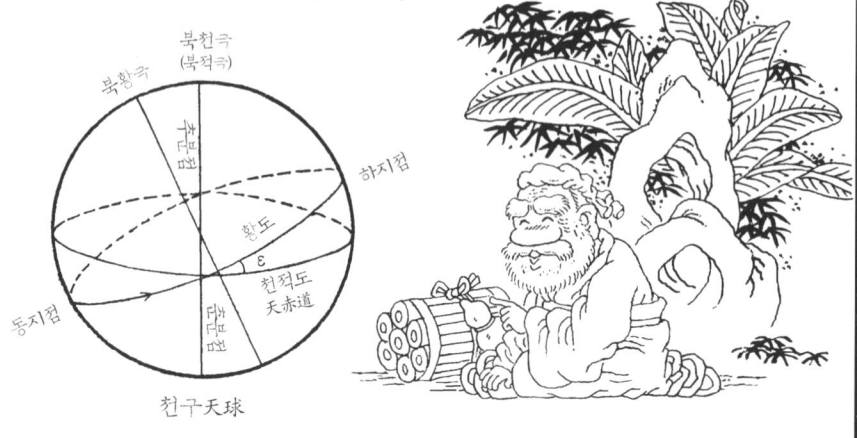

그래서 선천팔괘의 '양괘역행'陽卦逆行과 '음괘순행'陰卦順行 역시 자연을 모방하는 과정이다.

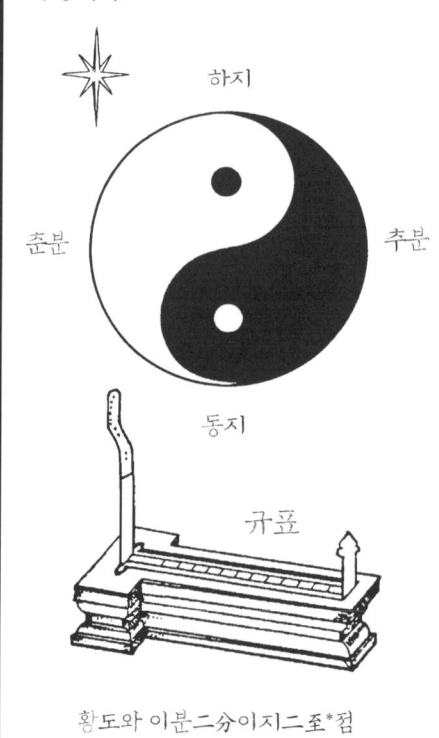

복희의 팔괘를 선천팔괘라고 일컫는 이유는 우주의 관점에서, 곧 객관적인 시각에서 지구를 그리고 있기 때문이다.

나중에 성립한 '후천팔괘'는 지구, 곧 주관적인 관점에서 우주를 그린 것이지.

*이분二分: 춘분, 추분. 이지二至: 하지, 동지.

선천팔괘도

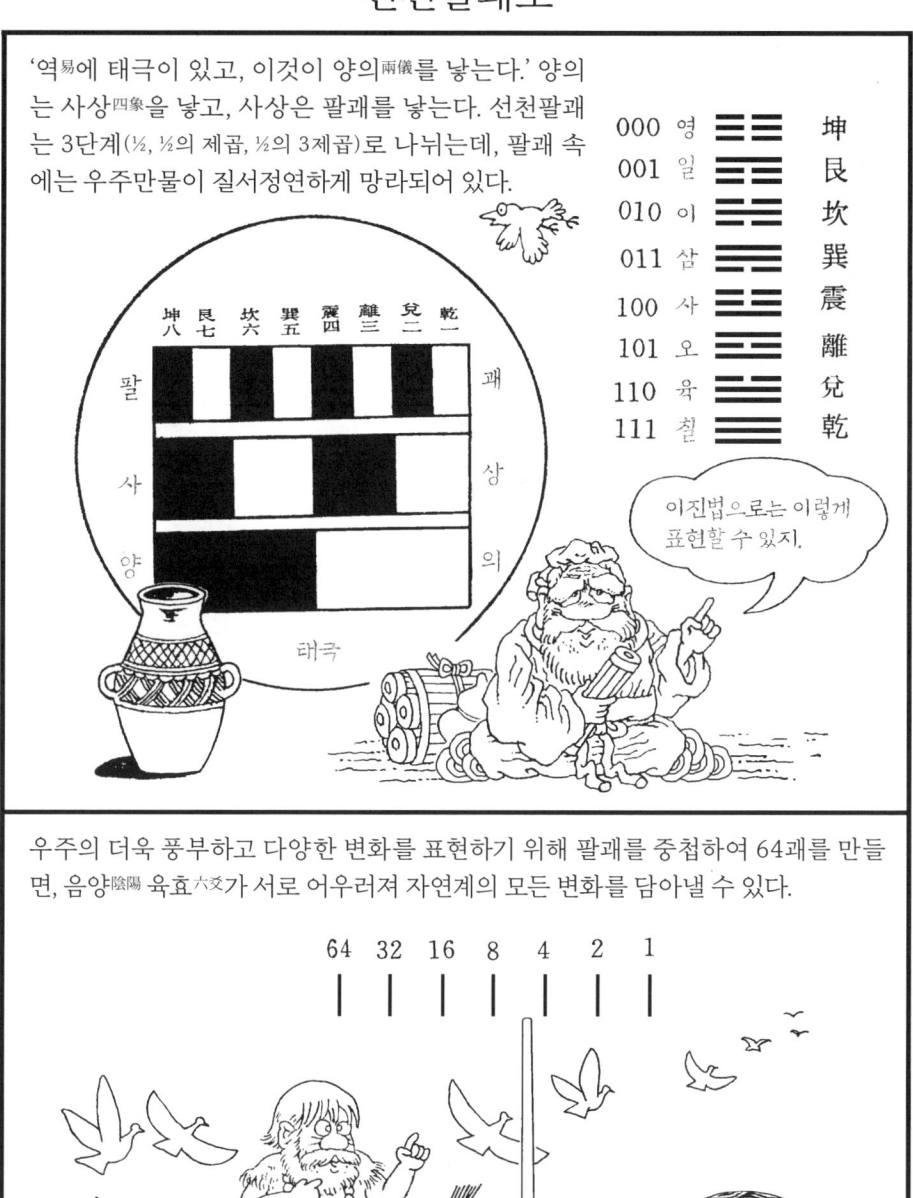

'역易에 태극이 있고, 이것이 양의兩儀를 낳는다.' 양의는 사상四象을 낳고, 사상은 팔괘를 낳는다. 선천팔괘는 3단계(½, ½의 제곱, ½의 3제곱)로 나뉘는데, 팔괘 속에는 우주만물이 질서정연하게 망라되어 있다.

이진법으로는 이렇게 표현할 수 있지.

우주의 더욱 풍부하고 다양한 변화를 표현하기 위해 팔괘를 중첩하여 64괘를 만들면, 음양陰陽 육효六爻가 서로 어우러져 자연계의 모든 변화를 담아낼 수 있다.

선천64괘도

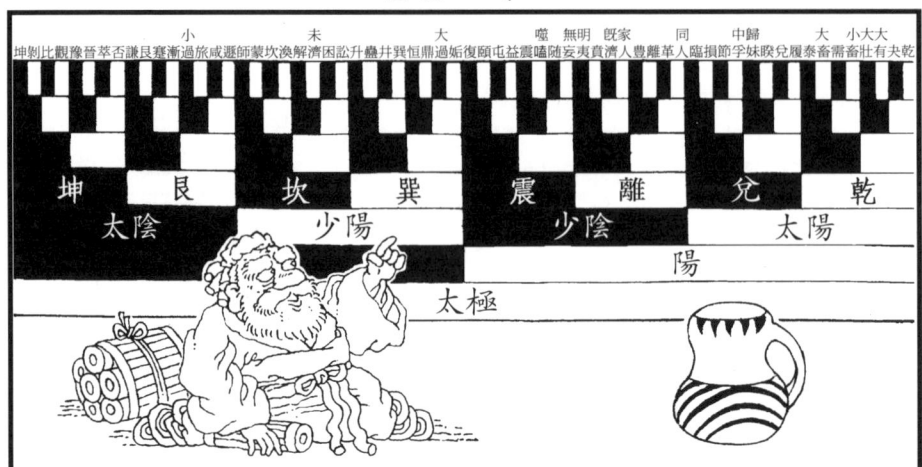

이 그림에서 다음과 같은 의미를 파악할 수 있다. 첫째, 1이 나뉘어 2가 되고 계속 배로 증가하면서 무한대로 나누어진다.

둘째,

"이들 모두를 거듭 합치면 다시 하나로 돌아간다."

셋째, 분열증식이 끝없이 계속되어도 양극은 변하지 않는다.

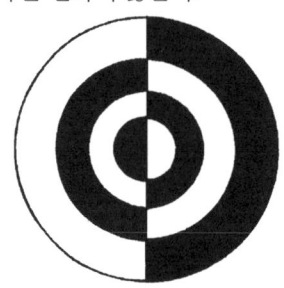

《주역》수화광곽도 水火匡廓圖

《주역》은 음양이 자연의 모든 법칙이자 만물의 근본임을 강조하는데, 여기에서 동양 전통철학의 무외법칙이 성립되었다.

복희64괘방위도

64괘 원형 그림은 하늘을 상징하며, 남쪽은 건, 북쪽은 곤으로, 시계바늘 방향으로 끊임없이 움직인다. 사각형 그림은 땅을 본뜬 것으로, 건은 서북, 곤은 동남을 가리킨다. '하나의 원과 하나의 사각형'—圓—方, 그리고 일동일정—動—靜의 원리 아래 음양이 합쳐져 천지만물을 이룬다.

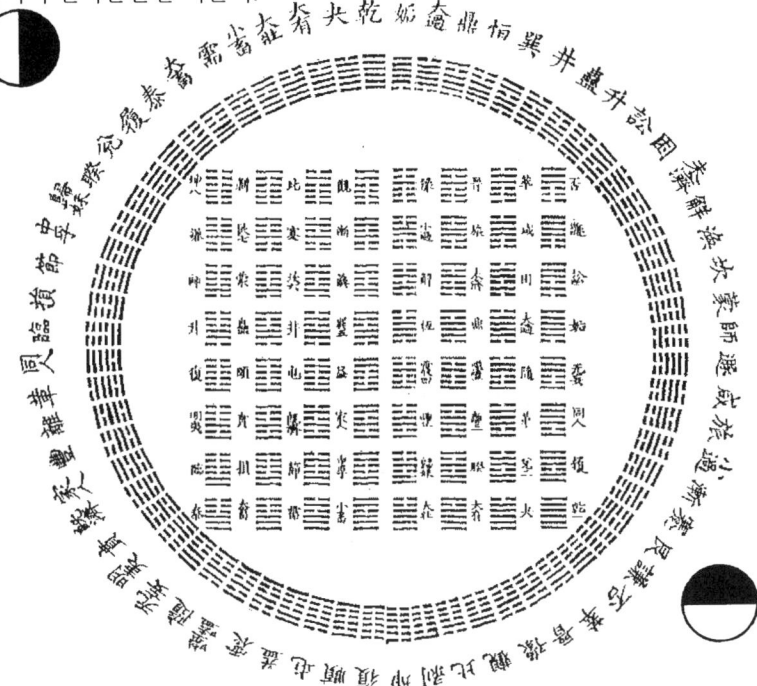

원 그림의 왼쪽은 양32괘, 오른쪽은 음32괘로 음양이 서로 대응하고 있는데, 선천팔괘와 일치하는 모양으로 64괘를 이루지.

사각형 그림은 건乾의 양이 최초로 생겼음을 말해주지. 그래서 양이 아래, 음이 위쪽에 있는 거야. 아래 네 줄 32괘는 양괘에서 생겨 양이고, 위쪽 32괘는 음괘에서 생겨 음인데, 음이 위, 양이 아래 있는 것은 천지가 교차해야 통한다는 의미야. 더불어 '하늘은 서북이 부족하고 땅은 동남이 부족하다'는 지리환경도 담고 있지.

건乾에서 곤坤까지는 팔경괘八經卦, 태泰에서 비否까지는 팔위괘八緯卦라고 한다. 주변의 괘를 모두 합하면 28괘(주천周天 이십팔수를 상징)이다.

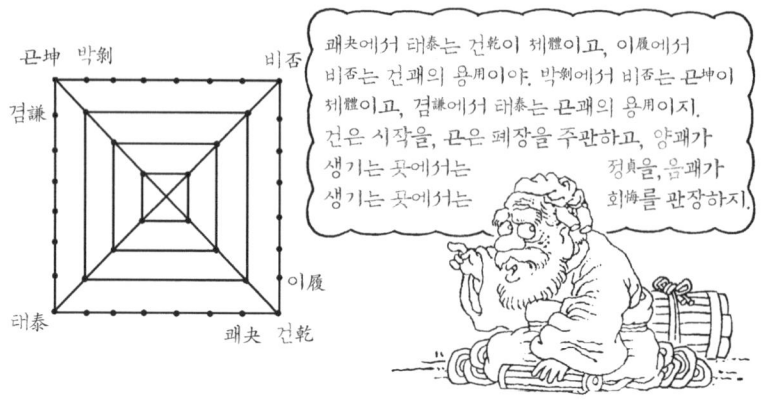

64괘에는 팔괘의 정貞과 회悔가 교차하는 자연법칙이 있다. 안쪽 삼효가 정貞으로 본 괘이고, 바깥쪽의 삼효는 회悔로 보조적인 지괘之卦인데, 대립통일의 변화법칙을 이해할 수 있다.

건과 곤이 교차하면 비와 태 두 괘가 생기는데, 태는 소통, 비는 막힘으로 사물이 발전하는 두 방향을 말해준다.

그리고 감과 이가 교차하면 기제와 미제 두 괘가 생기는데, 사업의 완성과 미완성 두 방향을 가리킨다.

우임금과 낙서洛書

이것이 '낙서'洛書이자 '홍범'洪範이다. 낙서는 머리쪽에 9개, 꼬리쪽에 1개, 왼쪽에 3개, 오른쪽에 7개, 양어깨에 2개와 4개, 두 발에 6개와 8개, 중앙에 5개의 점이 찍힌 모습이었다.

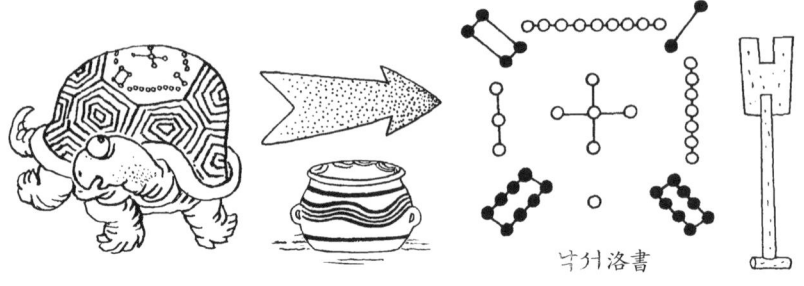

낙서洛書

낙서의 홀수와 짝수 조합 원리에 따르면 1과 6은 수水, 2와 7은 화火, 3과 8은 목木, 4와 9는 금金을 서로 포함하고 있다.

그래서 숫자가 6은 1의 옆, 2는 7의 옆, 8은 3의 옆, 4는 9의 옆, 5는 중앙에 위치하며, 10은 없어.

여기에는 하도河圖와 마찬가지로 1에 중앙의 5를 더하면 6, 2에 중앙의 5를 더하면 7, 3에 중앙의 5를 더하면 8, 4에 중앙의 5를 더하면 9가 되는 오행五行의 생성원리가 포함되어 있다.

하도河圖

위쪽 4와 9 금金과 아래쪽 6과 1 수水가 상대하면, 금이 수를 낳는 수가 된다. 오른쪽 2와 7 화火와 왼쪽 3과 8 목木이 상대하면, 목이 화를 낳는 수가 된다.

그리고 중앙 5토에 작용하면 서로 대립 통일하는 우주법칙이 형성되지.

오행상생은 하도의 수를 취하고, 오행상극은 낙서의 수를 취한다.

1~10 모든 수를 포함하는 하도의 수는 생生을 체體 삼고, 1~9인 낙서의 수는 극剋을 용用 삼는다. 10을 포함하지 않지만 하늘을 상징하는 중앙의 5를 뺀 서로 대응하는 네 변과 네 꼭지점의 숫자를 합하면 모두 10이다.

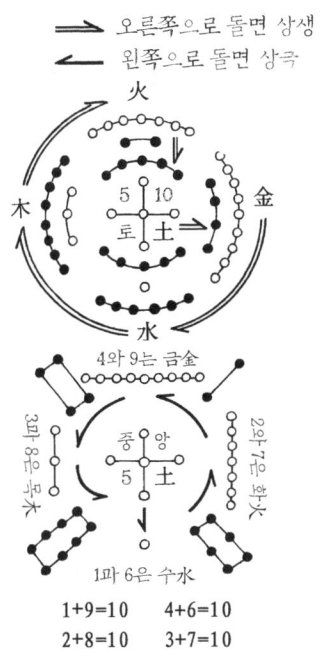

1+9=10   4+6=10
2+8=10   3+7=10

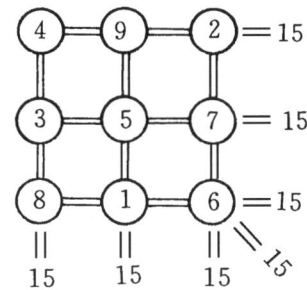

또한 가로 세로의 수를 합하면 모두 15가 되어, 통일 속에 변화와 변화 속에 통일이 존재하는 복잡한 우주현상을 체현하고 있지.

낙서의 수는 하늘을 본받고 땅을 본뜸으로써 자연을 따르는 기능을 한다. 천삼지이天三地二 법칙에 의하면 쉽게 이해할 수 있으며, 홀수는 3을 승수로 한다.

짝수는 2를 승수로 한다. 땅의 이치에 따라 역행하는데, 장강과 황하처럼 동쪽으로 향한다.

이렇듯 낙서가 밝혀낸 메커니즘은 '우주를 움직이게 하는 가장 단순한 형태의 동력 모델'이자, 하도의 시공간 모형과 더불어 동양문화 전반에 걸친 추론 및 해석체계를 구성해냈다.

우禹는 하도와 낙서를 통해 우주만물이 상생 상극하는 이치를 깨닫고 만사에 통달하였다. 구, 고, 현을 응용해 9개의 물줄기를 파고, 9개의 산을 뚫어 대홍수를 극복했다.

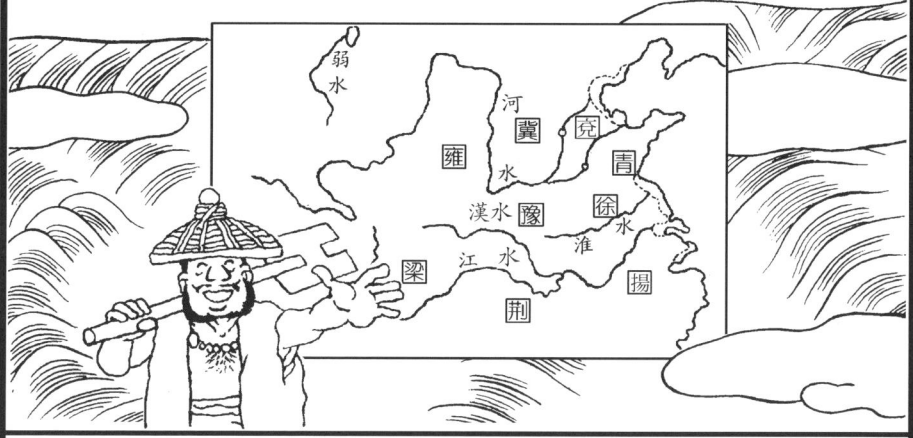

낙서는 또한 1년 및 하루의 햇빛과 지열을 기록한 것이다. 하루를 예로 들면 그림 속의 홀수는 햇빛, 짝수는 지면에 반사된 열기라고 해석할 수 있다.

동녘에 해가 떠오를 때는 하늘에 3푼의 빛이 있어 그 수가 3이고, 땅은 서남쪽에서 햇빛을 받아 2푼의 열을 반사하므로 그 수는 2이다.

오전 10시부터 11시는 해가 중오中五에 이르러 5푼의 빛이 있으므로 그 수가 5이다. 땅은 동남쪽에서 햇빛을 받아 4푼의 열을 반사하므로 그 수는 4이다.

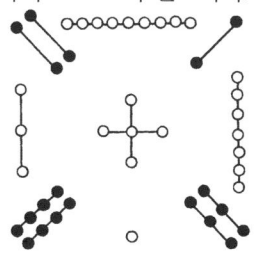

정오에는 해가 정남쪽에 있고, 땅은 동북쪽에 해당한다. 하늘에 9푼의 빛이 있어 그 수는 9이고, 땅에는 8푼의 열이 있어 그 수가 8이다.

오후에는 해가 서북쪽에 이르러 하늘에 7푼의 빛이 있으므로 그 수는 7이고, 땅에는 6푼의 열이 있어 그 수는 6이다.

밤이 되면 태양이 땅속인 정북쪽으로 들어가 하늘에 1푼의 빛만 있으므로 그 수는 1이다. 땅은 중궁을 돌게 되는데 열기가 전혀 없어 중궁에는 하늘을 가리키는 수 5밖에 없고, 땅의 10이라는 수는 존재하지 않는다.

하늘은 진시가 되면 중오中五에 다다른다 (천문을 연다)

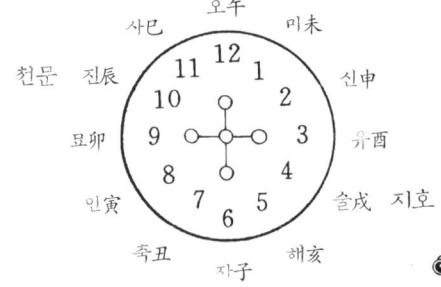

땅은 술시가 되면 중궁을 돌아간다 (지호를 닫는다)

이것은 바로 진辰을 천문天門으로 삼고 술戌을 지호地戶로 삼는 《황제내경》의 이치야.

하도·낙서와 고삼역古三易

옛사람들이 하도와 낙서의 모형을 만든 목적은 '현상을 이해하면 형체를 알 수 있고, 이치를 탐구하면 실정을 파악할 수 있다'는 생각 때문이었다. 그들은 논리적 추론방법으로 대상의 본질, 특징, 관계를 밝히고, 논리적 사슬의 고리로 변환하여 '상'象과 '수'數의 통일에 이르렀다.

> 이를 '모형'이라고 하는 이유는 시뮬레이션이 가능한 원형이라서인데, 원형에 상응하는 특징을 반영해야 하고, 고도의 정제와 간소화가 필요해요. 그렇게 함으로써 공리로서의 추리 및 해결 기능을 갖고 원형의 현실로 돌아가 실제문제를 해결해내는 것이죠.

> 고대의 삼역은 모두 '팔표동혼'八表同昏의 법, 즉 하도와 낙서의 원리에 뿌리를 두고 있지.

그 후 하나라, 상나라, 주나라의 3대에 걸쳐 하도, 낙서의 체용관계와 선천팔괘에 대한 깨달음에 기초해 각기 《연산》連山, 《귀장》歸藏, 《주역》周易으로 변화하였는데, 이를 '삼역'三易이라고 한다.

주역의 시간 공간 배경

'팔표동혼'은 팔표八表로 방위를 측정하고 절기를 정하던 방법으로, 삼역이 서로 동일하면서도 다른 부분이 있다. 《연산》은 주천 28수의 삼각형, 사각형, 원의 원리에 토대를 두고 있는데, 각 변의 길이가 7이고, 지름도 7이다.

사각형 면적 7×7=49 대연수와 일치
원 둘레 7×3=21 } 두 수를 더하면
사각형 둘레 7×4=28 } 대연수와 일치

4변과 4꼭지점을 더하면 8
8×8=64
《주역》의 괘 숫자와 일치)

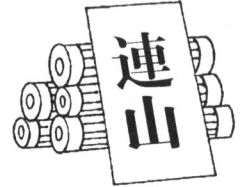

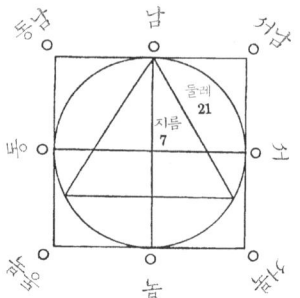

《연산》용칠용팔도用七用八圖(하나라)

《귀장》은 수 5와 10을 사용한다. 중앙과 사방을 5로 해 제곱하면 25가 되어 하도의 천수에 부합하고, 네 변과 네 꼭지점의 위아래를 더하면 10, 10의 제곱은 100으로 대연수 전체와 일치한다. 팔표에 중심점을 더하면 9가 되고, 5일을 1후候, 10일을 1순旬으로 해 5에 9를 곱하면 45일로 세 절기에 해당한다. 주천 360도를 사방사시로 나누면 각각 90도가 되어 한 계절 3개월의 날수와 일치한다. 90에 4(四時)를 곱하면 360이고, 여기에 중앙과 사방의 천수 5를 더하면 1년 365일과 일치한다.

《귀장》용오용십도用五用十圖(상나라)

하도의 수 55와 낙서의 수 45를 합하면 100이다. 하도는 1, 3, 5 세 선천先天의 양수를 점치고, 낙서는 2, 4 두 짝수를 점치는데, 1, 3, 5를 합하면 9가, 2, 4를 합하면 6이 된다.

그래서 《주역》에서는 양효陽爻는 9, 음효陰爻는 6으로 나타내지.

《주역》용육용구도用六用九圖

문왕, 《주역》을 만들다

고대 삼역은 괘부卦符, 괘명, 괘서는 다르지만, 모두 팔경괘八經卦와 64괘로 이루어져 있다. 시대가 앞서는 《연산》과 《귀장》은 사라져 전하지 않게 되었다. 《주역》은 상나라 말에 주 문왕文王이 옥중에 갇혀 있을 때 만들었다.

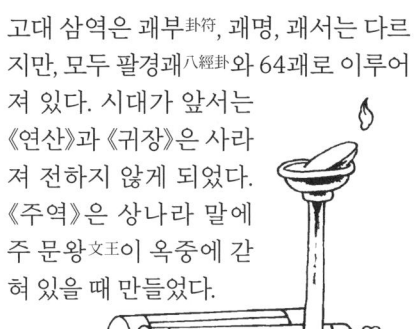

당시 상나라 주왕紂王은 황음무도하여 충신들을 잔인하게 살해하였다.

옥중에 갇혀 있던 7년 동안 문왕은 역易에 열중하는 척하면서 재능을 감추고 폭군을 속였다. 그는 점서占筮의 괘사卦辭와 괘상卦象을 매개로 비밀리에 정보를 전달해 출옥한 다음 주왕을 칠 힘을 쌓았다.

건괘乾卦

영웅도 힘을 기르며 때를 기다려야 한다

문왕은 복희의 팔괘를 기초로 선천先天의 체體를 후천後天의 용用으로 바꾸어 '대응의 역'을 알기 쉬운 '유행流行의 역', 곧 후천팔괘로 만들었다.

다음 페이지를 보면 알 수 있지.

문왕은 출옥한 다음 군사를 일으켜 주왕을 쳤는데, 주 문왕이 옥중에서 고안한 것이 오늘에 전해지는 《주역》이다.

주역의 시간 공간 배경

후천팔괘는 선천팔괘의 자연속성이 발생 변화한 결과이다. 화火는 양陽으로 상승해 하늘의 용用이 되고, 수水는 음陰으로 하강해 땅의 용用이 된다. 수와 화가 교차해 만물을 만들어내면서 한층 생기 넘치는 시공체계가 출현한다.

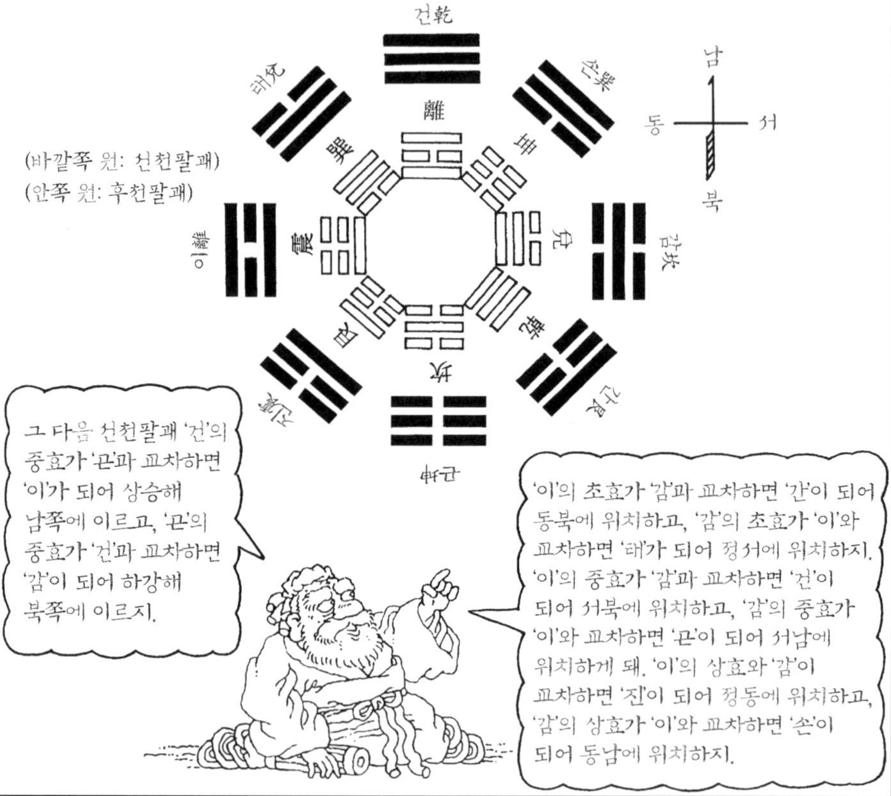

(바깥쪽 원: 선천팔괘)
(안쪽 원: 후천팔괘)

그 다음 선천팔괘 '건'의 중효가 '곤'과 교차하면 '이'가 되어 상승해 남쪽에 이르고, '곤'의 중효가 '건'과 교차하면 '감'이 되어 하강해 북쪽에 이르지.

'이'의 초효가 '감'과 교차하면 '간'이 되어 동북에 위치하고, '감'의 초효가 '이'와 교차하면 '태'가 되어 정서에 위치하지. '이'의 중효가 '감'과 교차하면 '건'이 되어 서북에 위치하고, '감'의 중효가 '이'와 교차하면 '곤'이 되어 서남에 위치하게 돼. '이'의 상효와 '감'이 교차하면 '진'이 되어 정동에 위치하고, '감'의 상효가 '이'와 교차하면 '손'이 되어 동남에 위치하지.

후천팔괘가 생성된 다음 낙서의 수와 합해져 나중에 의학, 건축, 군사 분야와 과학 전반에 걸쳐 널리 응용된 '구궁팔괘도'九宮八卦圖가 만들어졌다. 그래서 낙서는 '후천팔괘의 수'라고도 불린다.

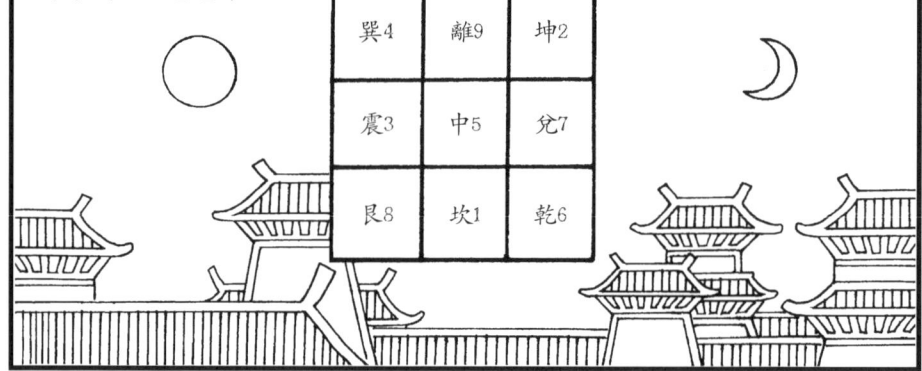

선천팔괘는 진震과 손巽을 중심으로 하며, 생장을 나타내는 데 사용된다. 곧 건금乾金이 감수坎水를 낳고, 간토艮土가 태금兌金을 낳고, 이화離火가 곤토坤土를 낳으니, 선천先天이 생生을 주관함을 상징한다.

후천팔괘는 곤坤과 간艮을 중심으로 하고 수장收藏을 나타낸다. 건금乾金은 손목巽木을 극하고, 감수坎水는 이화離火를 극하고, 태금兌金은 진목震木을 극하니, 후천後天이 극을 주관함을 상징한다.

대응하는 것은 수數, 흐르는 것은 기氣, 주재하는 것은 이理야. 천지만물 가운데 여기에 해당하지 않는 것은 없지.

'선천이 생을 주관한다'는 말과 '후천이 극을 주관한다'는 말의 관계는 사람으로 치면, 출생을 경계로 태어나기 전은 '선천'이고,

태어난 다음은 '후천'이죠

선천기에는 체력, 지능, 수명 같은 각종 기능과 지표가 인간에게 부여된다. 후천기에는 객관적인 조건의 제약으로 이들 지표가 극한에 이를 가능성은 작아지고, 자연재해, 질병, 영양, 정서 등이 수명에 주로 반영된다.

선천과 후천의 생극 관계는 선천과 후천의 '체'體 '용'用 관계의 한 가지 주요한 표현형식으로, 《주역》의 기초이론의 하나다. 인류의 자연계에 대한 총체적 이해에서 기원하며, 아울러 세상만물에 응용된다.

선천팔괘는 하도를 체현한 '대응의 역'으로 생을 주관한다. 후천팔괘는 낙서를 체현한 '유행의 역'으로 극을 주관한다. 후천팔괘가 하도의 원리를 받아들인 까닭에 실제 운용에서 《주역》에 천지생극의 체용관계가 담기게 되었다.

진손震巽은 목木으로 이화離火를 낳을 수 있고, 이화는 곤토坤土를 통해 만물을 성숙시키지. 금金에 속하는 태건兌乾은 감수坎水를 낳지만, 감수는 간토艮土를 통해야 목木을 낳을 수 있어.

북쪽 1과 6은 감수坎水, 동쪽 3과 8은 진손목震巽木, 남쪽 2와 7은 이화離火, 서쪽 4와 9는 태건금兌乾金, 중앙 5와 10은 곤간토坤艮土이다.

이로써 전우주가 '천지와 평행'이라는 규표 그림에 대응하게 되었다. 시간을 재는 단위인 '천간'의 첫 글자가 '갑'甲이라서 역학에서는 이 도식을 '납갑'納甲이라고 한다. 시간과 공간, 주체와 객체가 통일된 거대한 체계이다.

한나라 역학자 경방京房이 만든 납갑도는 바로 천인합일天人合一, 도기합일道器合一, 상수합일象數合一이라는 시공의 본질 전체를 파악하기 위한 것이야.

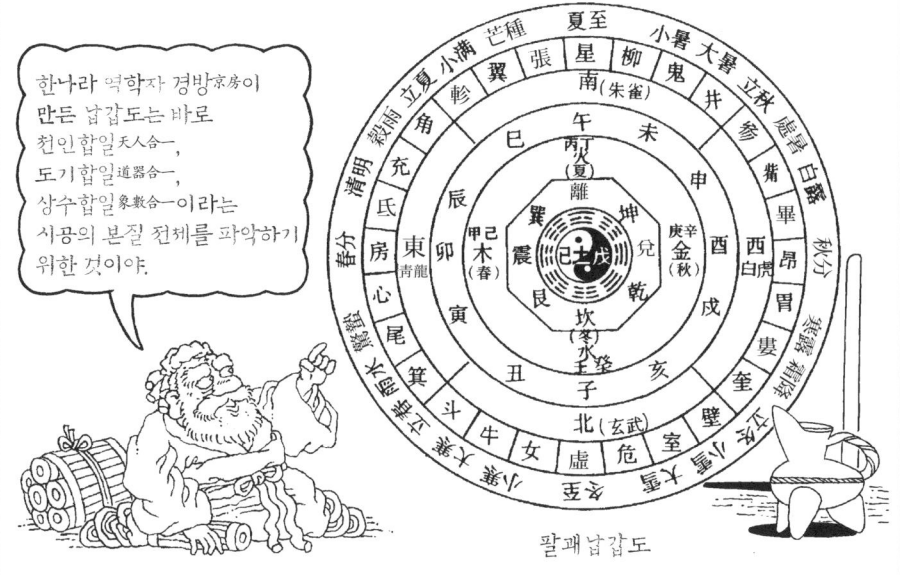

팔괘 납갑도

주역의 시간 공간 배경　69

문왕팔괘도

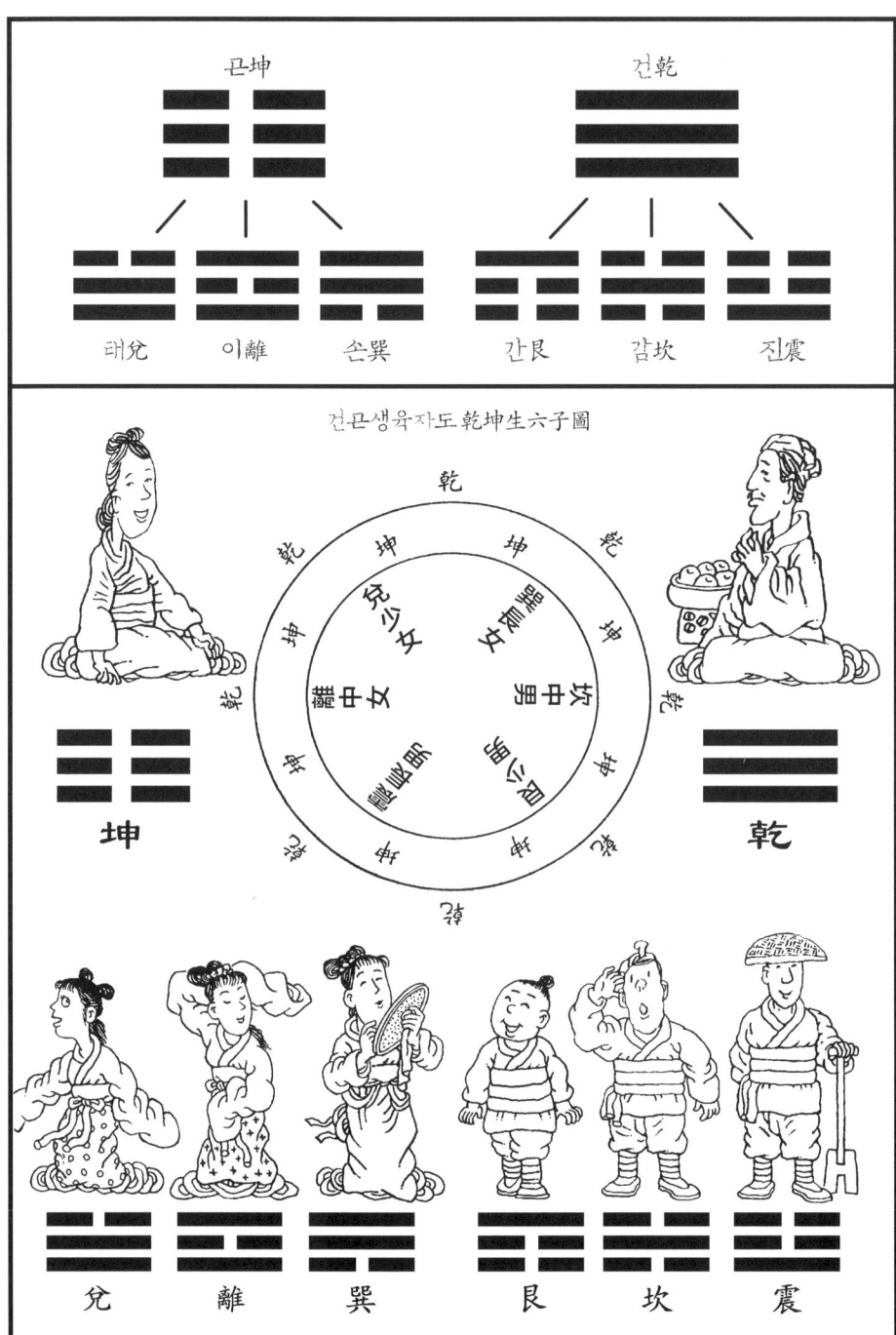

진震: 만물이 생장하는 봄으로 방위는 해가 뜨는 동쪽이다. 양이 음 아래 놓인 괘(☳)로 천둥을 상징하고, 만물을 일깨우므로 움직임을 기뻐한다.

손巽: 해가 동남쪽에 떠올라 있고, 봄과 여름 사이 계절이다. 강한 양기 아래 음기가 들어가 있는 모양(☴)으로 바람을 상징하고 진입하는 성질이다.

이離: 해가 가장 높이 떠서 내음외양內陰外陽으로 햇빛이 사방에 내리쬐는 모습을 상징한다. 남쪽에 위치해 계절은 하지에 해당하고, 성질은 화려하다.

곤坤: 삼효가 모두 음으로 땅을 상징하고, 만물을 양육하는 사명을 띤다. 서남쪽에 위치하며, 계절은 여름과 가을 사이다.

주역의 시간 공간 배경

태兌: 가을을 상징한다. 열매가 주렁주렁 열리고 만물이 기뻐하는 계절로 정서쪽에 위치한다. 태는 또한 연못을 가리킨다.

건乾: 서북쪽에 위치하며 해는 이곳에서 서쪽으로 진다. 밝음과 어둠, 음과 양이 교체하는 시기로, 계절은 가을과 겨울 사이다. 성질은 강건하다.

이 시기는 우리가 전쟁을 일으켜 작물을 빼앗는 계절이지.

감坎: 이미 동지에 이르러 해가 완전히 가라앉고 만물이 지쳐 쉬는 시기다. 방위는 정북이고, 성질은 음험하다. 계절은 겨울이다.

한밤중이군.

간艮: 동북쪽에 위치한다. 어둠이 지나가고 광명이 찾아와 만물이 다시 소생하는 모든 것은 이 괘에서 완성된다. 성질은 멈춤이며, 계절은 겨울과 봄 사이다.

'멈춤'이란 한 바퀴 순환이 다시 시작된다는 의미죠.

팔괘취상도

괘명	乾	坤	震	巽	坎	離	艮	兌
부호	☰	☷	☳	☴	☵	☲	☶	☱
속성	健	順	動	入	陷	麗	止	悅
인륜	부	모	장남	장녀	중남	중녀	소남	소녀
동물*	말	소	용	닭	돼지	꿩	개	양
몸**	머리	배	발	넙다리	귀	눈	손·고·등	입
자연	하늘	땅	천둥	바람	물	해	산	못
방위	서북	서남	동	동남	북	남	동북	서
계절	冬秋간	夏秋간	봄	春夏간	겨울	여름	冬春간	가을
오행 오색	금金	黃土	목木	青木	水黑	火赤	토土	白金

《주역》설괘전에는 팔괘가 얻을 수 있는 자연계의 상징을 확대해《주역》64괘의 거의 모든 괘에 상징이 설정되어 있다. 상징을 취하는 일이 사유와 논리의 기본내용을 이룬다.

* 遠取諸物. ** 近取諸身.

주역의 시간 공간 배경

《주역》의 음양조합 원리

《주역》의 모든 괘는 음양이 조합해 64괘와 팔경괘를 이루며, 음양의 전화법칙을 담고 있다. 육효는 소少, 장壯, 노老의 세 단계를 나타낸다.

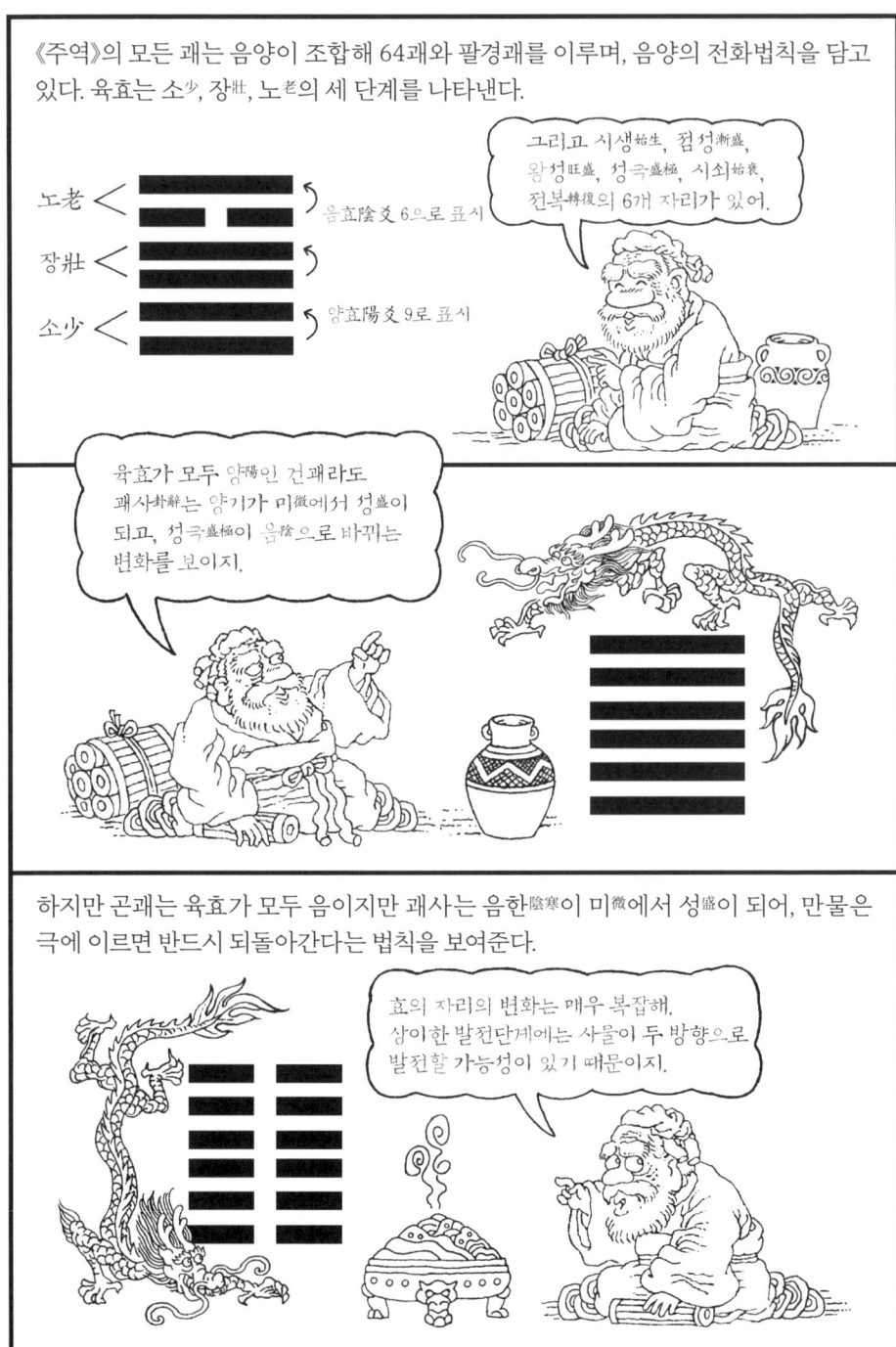

하지만 곤괘는 육효가 모두 음이지만 괘사는 음한陰寒이 미微에서 성盛이 되어, 만물은 극에 이르면 반드시 되돌아간다는 법칙을 보여준다.

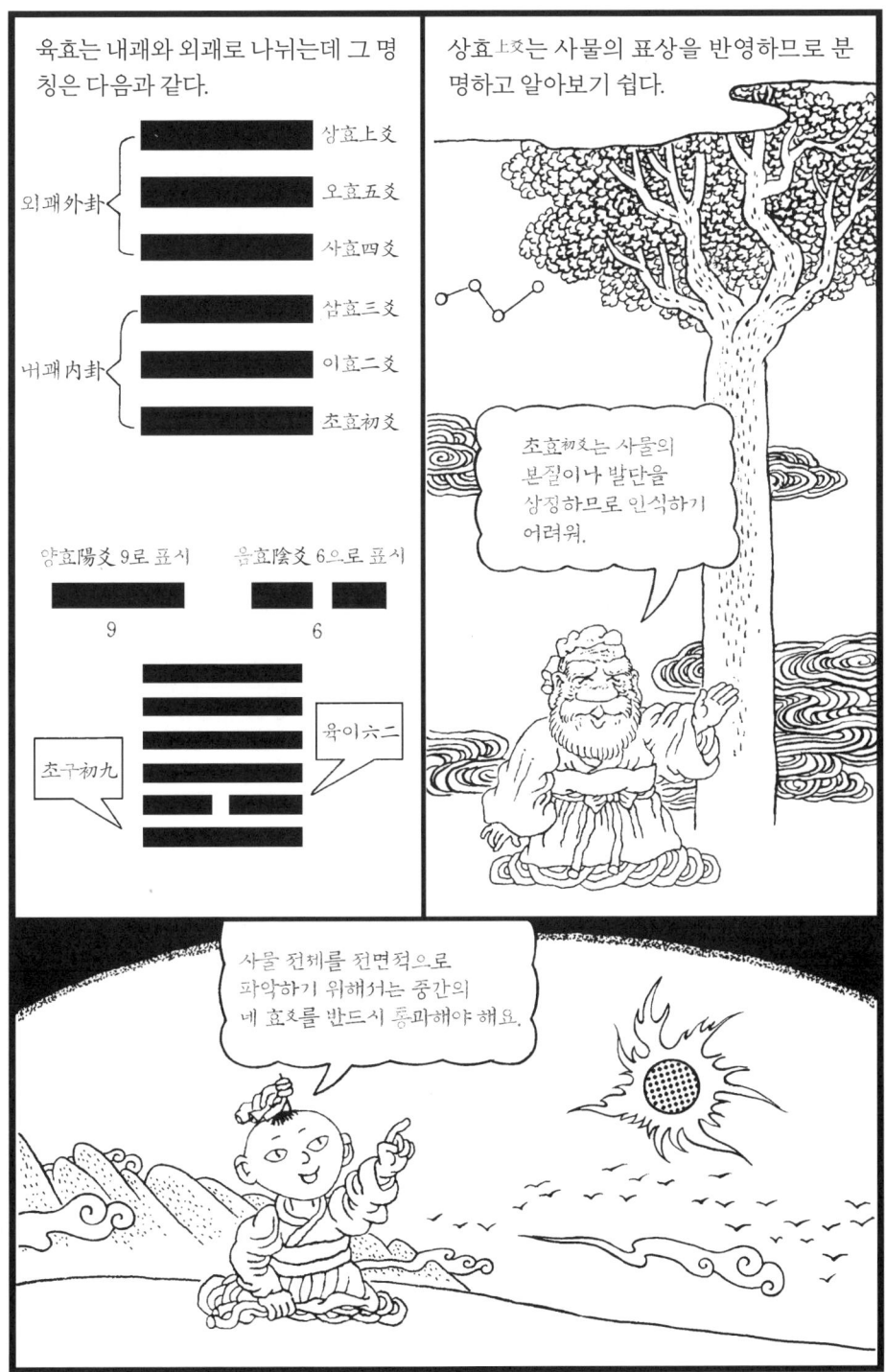

상괘와 하괘에서 같은 위치에 자리한 효의 음양이 다른 것을 '응'應, 음양이 같은 것을 '불응'不應이라고 한다.

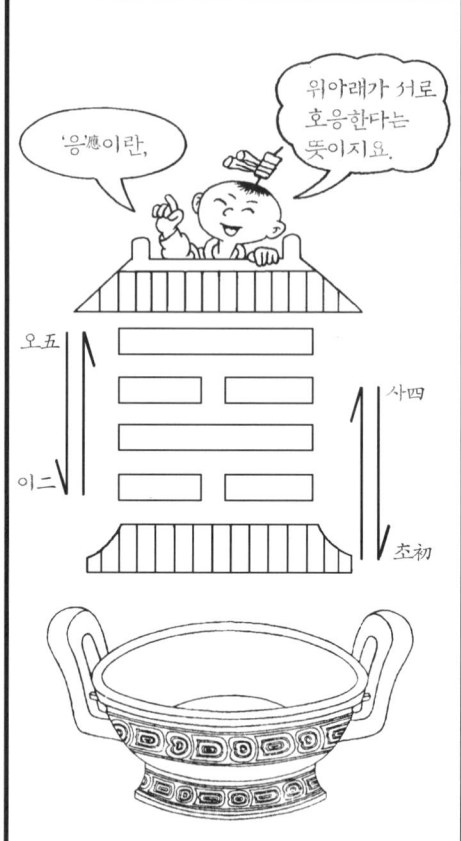

육효는 또한 음양소장陰陽消長의 주기를 상징한다. 11월에 하나의 양陽이 생겨 4월이면 6개의 양이 가득 차고, 5월에 하나의 음陰이 생겨 10월이면 6개의 음이 가득 찬다. 하루를 가지고 설명해도 마찬가지다.

《주역》의 저자는 자연법칙에 근거해 괘를 만들고 상황을 채웠어. 거기에 상징적 함의를 덧붙여 과거를 이해하고 미래를 추정할 수 있게 했지.

괘사의 '길'吉과 '흉'凶은 성공과 불행의 징후를 나타낸다.

육효의 변동은 천도의 길흉, 지세의 높낮이, 인간의 선악을 나나내는 이치다. 그래서 '천지인'天地人은 '삼극'三極을 상징한다.

'회'悔와 '인'吝은 후회와 근심을 뜻한다.

주역의 시간 공간 배경

변증법을 포함하고 있는 《주역》의 '위位, 시時, 중中' 개념은 변화를 자연계의 가장 본질로 보고, 변화에 의해 생기는 구조와 대칭성을 이차적인 것으로 보지.

육효 가운데 이효와 사효는 음위陰位, 삼효와 오효는 양위陽位인데, 상효와 초효는 위位에 넣지 않는다. 양효가 양위(삼효, 오효)에, 음효가 음위(이효와 사효)에 위치하면 '득위'得位라고 하며, 사물의 발전조건이 갖춰진 길한 운세이다.

득정得正(吉)

반대로 '부득위'不得位는 사물의 발전에 의지할 곳이 없어 곤란한 상황을 가리킨다

육효 가운데 이효와 오효는 중앙에 위치해 음양의 어떤 효가 오더라도 중中을 얻어 길하다.

사물의 발전이 여기에 이르면 지나침도 모자람도 없는 중용이라는 가장 바람직한 상태에 도달한다.

"3월의 여린 싹이 4월에는 쑥이 되지만, 5월에는 땔감이 되고 말지."

양효가 오위五位, 음효가 이위二位면 중中과 정正을 모두 얻어 크게 길하고, 시간도 공간도 알맞아 성공할 가능성이 높다.

"64괘 가운데 기제旣濟는 중中과 정正 모두를 얻었으므로 성공할 상이야."

기제旣濟

성공과 실패에는 사물의 발전과정에 따른 시간제약이 있으므로 경계해야 됨을 《주역》이 특별히 강조하는 이유다.

요컨대 사물의 발전은 반드시 그 같은 시간과 공간의 한계, 즉 '중'中에 부합해야 한다.

고서법古筮法의 원리

《주역》은 점복占卜형식으로 이치를 설명하기 쉽게 정리한 일반법칙이며, 자연과 사회의 변화를 추측하고 하늘의 이치와 인간의 도리를 탐구하는 데 사용되지. '대역大易은 점을 말하지 않는다'는 말처럼 판에 박힌 공식으로 사용해서는 안돼. 점서占筮의 과정도 만물의 순환변화를 본뜬 상수합일象數合一의 논리가 역학의 중요한 부분이므로, 그 내용을 소개하지.

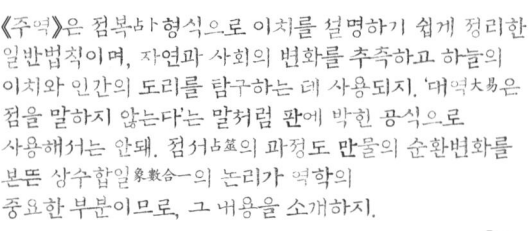

우선 조용한 장소를 선택한다.

점칠 내용을 숙고해 간단명료하게 정리해야 돼.

우주를 상징하는 50줄기의 시초蓍草에서 하나를 고르는데, 천지개벽 이전의 태극을 상징하므로 그것은 사용하지 않는다.

태극

남은 49개의 시초를 양손에 임의로 나누어 쥔다. 왼손은 하늘, 오른손은 땅을 의미한다.

천지

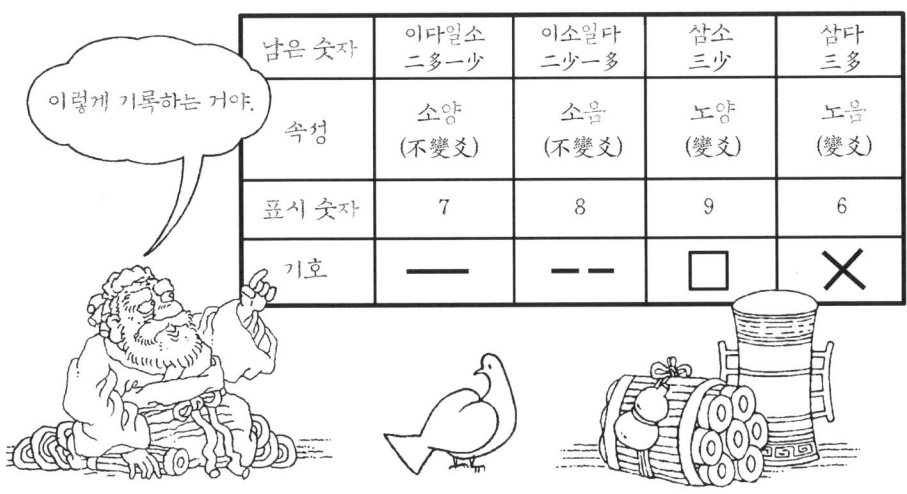

64괘 중의 '태괘'泰卦인데 오효가 노음이라 양으로 바뀌어 '수괘'需卦가 될 가능성이 있어, 태와 수 두 괘사를 함께 참조해야 한다.

하지만 노음, 노양 같은 변효變爻가 몇 개 들어 있어도 본괘의 괘사를 기준 삼아야 한다.

주역 64괘

《주역》 64괘의 제1괘는 건괘乾卦, 제2괘는 곤괘坤卦이다.

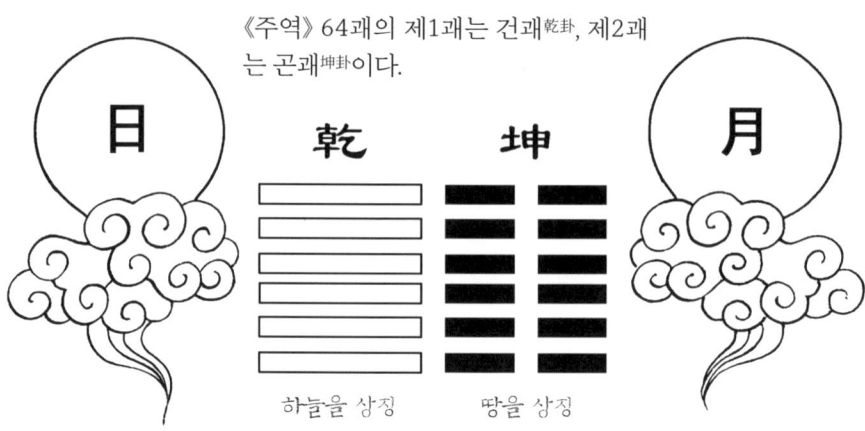

하늘을 상징   땅을 상징

건곤乾坤은 또한 우주의 가장 기본적인 두 가지 요소인 음양陰陽과 암수를 대표한다.

《주역》 서괘전에 '천지가 있고 나서 만물이 생겼다'는 말이 있는 이유지.

하늘과 땅이 만물을 창조하는 근본이라서 건과 곤 두 괘를 64괘의 앞머리에 배치한 것이죠.

그런데 왜 하늘이라고 직접 이름 붙이지 않고 '건(乾)'이라고 명명한 것일까?

하늘은 눈에 보이는 형상일 뿐이고, 건은 하늘의 기능을 가리키기 때문이지.

건괘의 괘사는 '하늘의 기능은 만물을 창시하는 근본으로 통행에 막힘이 없을 뿐 아니라 끊임없이 지속된다'는 의미다.

이 그림은 태곳적 우주와 천지의 관념도야.

*양곡暘谷: 해가 떠오르는 곳.
*매곡昧谷: 해가 지는 곳.
*부상扶桑: 해가 뜨는 곳에 사는 신목.
*건목建木: 하늘로 올라가는 사다리.

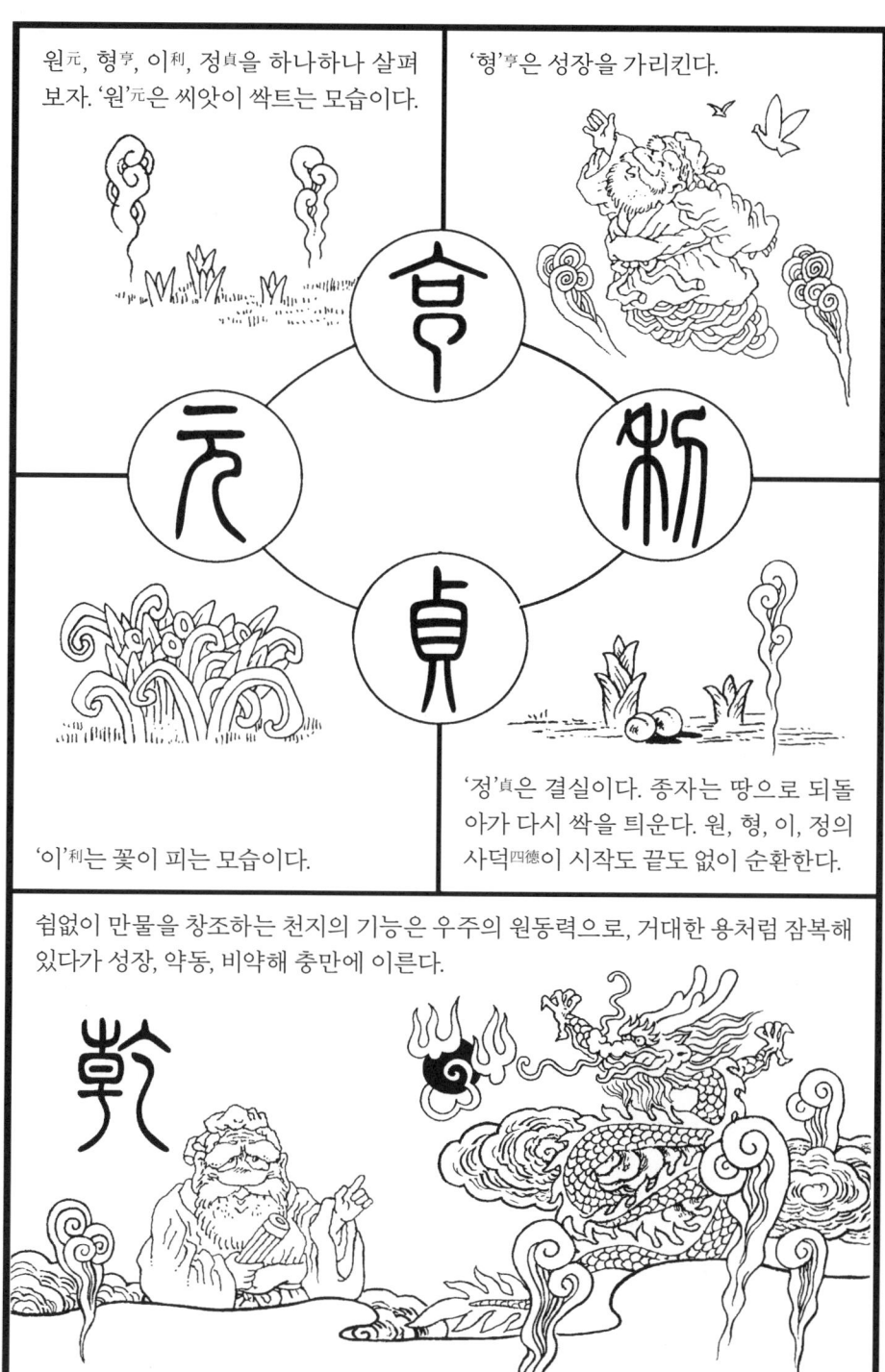

용은 고대인들이 숭배하던 신비한 동물이다. 깊은 연못에 숨어 지내다 땅위로 올라오고, 마침내 하늘로 승천하기 때문에, 숨었다 나타났다 하는 변화를 예측하기 힘들다.

용은 천도天道의 변화, 음양의 사라짐과 자라남, 인간사회의 진퇴, 그리고 하늘의 무한한 잠재력이나 현명하고 유능한 인물을 상징하지.

양효가 강건하고 하괘 한가운데 위치해 중용의 덕행을 갖춘 위대한 인물이 이미 등장하였음을 나타낸다.

이런 위대한 덕행이 갖추어지면 천하에 은혜를 베풀고 광명을 가져오므로 이롭다.

건괘 구삼九三

건괘 구삼의 효사는 '군자종일건건君子終日乾乾, 석척약夕惕若, 여무구厲無咎'이다.

'건건'乾乾은 '건건'健健으로 열심히 노력한다는 뜻이다. '척'惕은 경계, '약'若은 연然, '여'厲는 엄격함, '구'咎는 무리와의 괴리가 허물을 낳음을 의미한다.

구삼은 양효가 양위陽位에 자리해 정正을 얻었지만 한가운데 이二를 벗어나 삼三으로 상승함으로써 강하고 곧음이 지나쳐 도리어 위험하다.

덕행을 갖춘 군자는 본성이 강직하므로 종일 노력하고 밤낮으로 경계해야 한다. 그래야 위험한 상황이나 재난에 처하더라도 실수를 저지르지 않는다.

구사九四의 효사는 '혹약재연或躍在淵, 무구無咎'이다.

건괘

구사九四

구사는 위험을 벗어나 상괘의 가장 아래로 올라간 상황이지.

그러나 양효가 음위陰位에 있기 때문에 의연히 경계하고 때와 형세를 잘 판단해 허물이 없는 상태를 유지해야 한다.

건괘 구오九五의 점사占辭는 '비룡재천飛龍在天, 이견대인利見大人'이다.

용은 하늘이 내린 기회와 지리적 이점을 얻으면 하늘로 날아올라 무궁한 역량을 지니게 된다.

강건하고 곧고 올바른 위대한 인물이 정권을 잡고 원대한 계획을 크게 펼치는 절정의 시기에 이르렀음을 가리킨다.

'대인을 만나면 이롭다'利見大人는 점사는 구이와 마찬가지이지만, 위치가 이二에서 오五로 바뀌어 작용이 내부에서 외부를 향하게 된다. 9는 가장 큰 양수이고 5가 양의 한가운데를 차지해, 높고 곧은 군주가 만백성에게 은혜를 베푸는 상황이다.

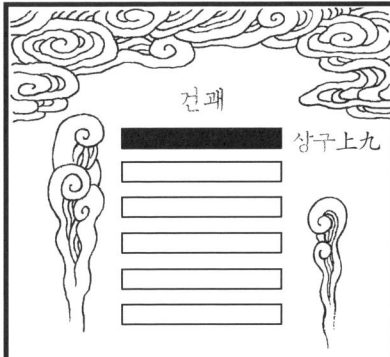

건괘 상구上九의 효사는 '항룡유회'亢龍有悔다.

상구는 건괘 중에서 가장 높은 곳에 위치한 마지막 괘다. 극점에 이르면 되돌아오기 마련이므로 높은 자리여도 구오만 못하다.

'항'亢은 매우 높고 건조한 형상으로, 용이 날아올라 극점에 이르면 더 올라갈 수도 내려갈 수도 없는 진퇴양난에 빠지게 된다. 이 같은 지경에 놓이면 자신을 다스려 지나친 만족을 추구하는 일이 없어야 한다.

다음은 건괘에서나 볼 수 있는 '용구'用九이다. 용구의 점사는 '견군룡무수'見群龍無首, 길吉'이다. 양陽은 반드시 음陰으로 변하는데, 초효부터 각 효의 변화를 냉정히 분석해 객관법칙에 따라야 '용구'를 활용하지, 잘못하면 이용당한다.

무리 속의 용들이 아무리 강건해도, 서로 다투어 이기려 하지 않고, 평등히 지내고, 한 마음으로 서로 도움으로써 위태로움을 초래하지 않는다면, 길하고 상서롭다.

객관적이고, 충동적이지 않으며, 뽐내거나 경거망동하지 않고, 임기응변에 능해야, 사물의 변화법칙을 장악해 목적을 이룰 수 있다.

우주 흥망성쇠의 뿌리는 완전히 자연에 있다. 인간은 자연계의 한 분자에 지나지 않는 까닭에, 한층 자각해 그 정신을 본받아야 한다.

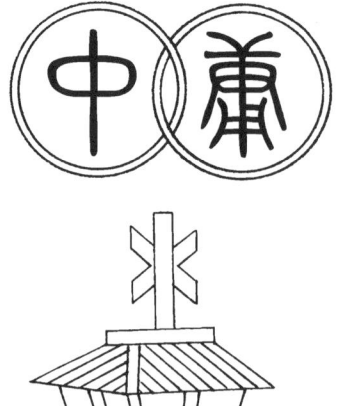

중용中庸이란 지나침도 모자람도 없는 것이다.

곤괘의 삼효는 모두 음ͭ陰ͮ이다. 음의 형상 가운데 가장 큰 것이 땅이라서 '곤'이라 이름하고 땅을 상징하게 되었다.

> 두 곤을 중첩한 괘 역시 '곤'인데, 순수한 음ͭ陰ͮ과 가장 유순함을 뜻해.

'곤' 역시 원, 형, 이, 정의 사덕ͭ四德ͮ을 지녔지만, '건'과는 달리 어떤 상황에서든 이로운 것은 아니다.

유순하면서 강건한 암말처럼 정도를 취할 때 이로움이 있다.

대지는 하늘을 따르면서 만물을 낳고 앞을 향해 쉼없이 달려야 이로움을 얻는다. 예를 들면 천체는 오른쪽으로 돌고 땅은 왼쪽으로 도는데, 방향은 반대라도 의연히 하늘의 법칙에 따라 변화한다.

> 땅은 바람을 안고 달리는 암말처럼 역량이 무궁하고, 성정이 온순, 온화, 순정하며, 그 같은 본성을 끝까지 지키고 있지.

군자는 전진하면 반드시 얻는 것이 있지만, 소인이 선두에 서면 방향을 잃기 쉽다. 따라서 뒤따라가야 소득이 있는 법이니, 주재자가 있어야 이롭다.

'건'은 주도, '곤'은 순종이다. 사상이 행동을 주도하듯이 주도하는 사람을 따라야 목표를 벗어나지 않는다.

문왕팔괘에 따르면 서쪽은 곤괘와 태괘, 남쪽은 손괘와 이괘로 모두 음이라서, 서남쪽으로 가야 친구를 얻을 수 있다. 세상만물이 같은 부류끼리 모인다는 의미다.

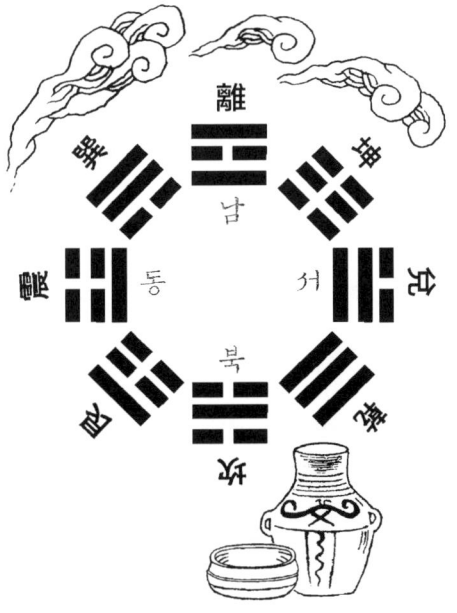

동쪽은 간괘와 진괘, 북쪽은 건괘와 감괘로 모두 양에 속한다. 따라서 동북쪽으로 가면 같은 부류의 친구를 잃게 되므로, 침착하게 정도를 따라야 상서롭다.

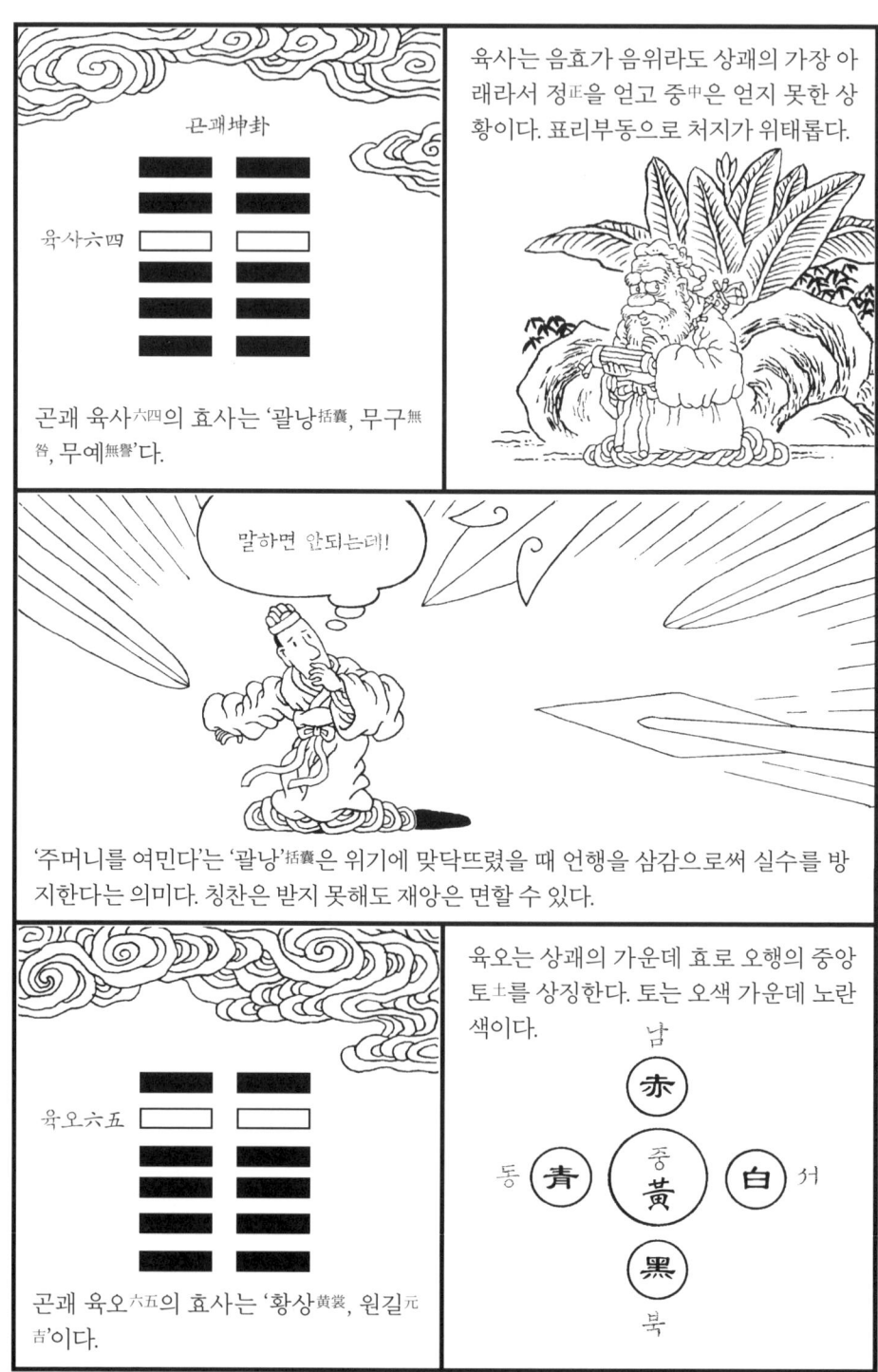

하지만 육오는 상괘의 한가운데 자리한 양위陽位라도 정正을 얻지 못한 까닭에 치마나 바지에 비유된다. 겸손과 중용의 태도를 상징하며 길하게 여겨진다.

곤괘 상육上六의 효사는 '용전우야龍戰于野, 기혈현황其血玄黃'이다.

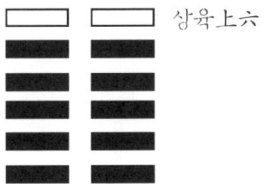

상육은 육효의 가장 높은 자리인데다 음위이다. 그런데 곤괘는 모두 음효이므로 이미 극점에 도달한 상태이다.

음이 극에 이르면 양을 낳고, 천지가 교합한다. 지기는 상승해 구름이 되고, 천기는 하강해 비가 되는데, 용이 싸워 검고 누런 피가 흐르고, 만물이 탄생한다.

곤괘 용육用六은 건괘 용구처럼 육효가 모두 변효임을 가리킨다. 모든 효가 양효로 변할 가능성이 있다.

"곤괘 육효의 법칙을 잘 운용할 수 있다 하더라도 그 변화에 구속되어서는 안되지."

곤괘坤卦　　　　　　건괘乾卦

건괘 용구는 양陽의 강건함을 잘 활용해 만물을 창시하는 주동성을 가리킨다. 반면에 곤괘 용육은 음의 부드러움을 잘 활용해 하늘의 법칙에 따라 만물을 짊어지는 종속적인 지위이다.

건괘강건乾卦剛健　　　곤괘음유坤卦陰柔

곤괘 용육은 확고부동해야 하고, 순정함을 오래 지녀야 하고, 시야가 원대해야 이로움을 얻을 수 있다.

천지간에 만물이 충만해 있으니, 다음에 이어지는 괘는 둔괘屯卦이다. '둔'은 충만, 만물의 창시라는 의미다.

탄생의 어려움

'둔'屯의 본뜻은 초목이 싹터 생기가 넘치는 형상이다. 크게 형통해야 이롭다고 말하는 이유다.

하지만 갓 싹트기 시작한 초목은 너무 여려서 아직 이용할 수 없다.

그러나 싹이 튼 초목은 창창하고 견고하게 자란다. 끊임없이 분발 노력하면 제후의 기초를 다질 수 있다고 인간사회에 대비해 설명할 수 있다.

그래서 제후를 세워야 이롭다는 말이 있는 거지.

또한 둔괘의 초효는 몇 개의 음효 아래 놓여 있지만, 주효主爻이기 때문에 의연히 전진하면 어려움을 극복하고 목적을 이룰 수 있다.

특히 둔괘는 건괘, 곤괘와 마찬가지로 사덕四德을 갖췄기 때문에 길한 괘이다.

만물이 갓 탄생할 때는 필연적으로 몽매하기 마련이다. 이어지는 괘가 몽괘蒙卦인 이유다.

몽은 몽매하고 유치하다는 뜻이죠.

蒙몽

艮 上
坎 下

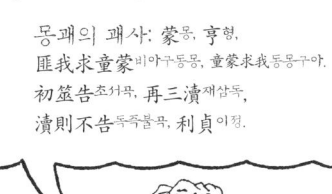

몽괘의 괘사: 蒙몽, 亨형,
匪我求童蒙비아구동몽, 童蒙求我동몽구아.
初筮告초서묵, 再三瀆재삼독,
瀆則不告독즉불곡, 利貞이정.

몽매·계몽

몽괘의 상괘 간艮은 산으로 멈춤 작용을 하고, 하괘 감坎은 물로 위험을 상징한다. 산 아래가 위험하고 어두컴컴한 형상이다. 이 같은 상황은 내면의 두려움, 그리고 외부에 대한 거부와 유치 우매를 상징한다.

몽괘 '구이'는 양효로 중中을 얻어 주체가 되는데, '육오'와 음양 상응하여 계몽의 힘을 갖는다. 그래서 '형통'한다고 말하는 것이다.

괘사의 '비'匪는 '비'非, '아'我는 '구이'다. '동몽'童蒙은 유치하고 몽매한 어린이, 곧 '육오'를 의미한다.

몽괘의 괘사는 점서占筮 혹은 교육의 원칙을 말한다. 몽매한 어린이가 가르침을 구하는 것이지, 내가 어린이에게 가르침을 구하는 것이 아니다.

가르침을 구하는 사람은 경건한 자세로 성심을 다해 점괘를 받아들여야 한다. 처음에 일러준 점괘를 받아들이지 않으면 모독이므로 더는 상대하지 말아야 한다.

계몽의 원칙은 반드시 동기가 순정해야 하며, 끝까지 원칙을 견지해야 한다. 산 아래로 흘러내리는 샘물처럼 가는 물줄기가 모여 큰 강을 이루고, 만물을 탄생시킨다. 그래서 곧고 반듯해야 이롭다.

만물이 유치하므로 반드시 양육해야 해. 다음이 수괘需卦인 이유인데, 수需가 양육의 이치라서지.

需수

몽괘의 괘사: 需수, 有孚유부, 光亨광형, 貞吉정길, 利涉大川이섭대천.

坎上
乾下

주저·기다림

수괘의 상괘 '감'坎은 구름, 하괘 '건'乾은 하늘이다. 구름이 하늘에 떠서 음양의 조화를 기다리면 자연히 비가 된다.

'수'需는 수요需要다. 생물이 생명을 유지하려면 음식이 필수인데, 여기서는 주저와 기다림에 비유된다.

'부'孚는 신용이다. 이 괘의 중中과 정正을 얻은 '구오'는 중심이 충실함을 가리키며, 성실을 상징한다.

'건'乾의 양陽 앞은 '감'坎으로 물이라서 걸어서 건널 수 없다. 하지만 건의 양이 온전한 양으로 실력을 구비하고 있어, 끈기있게 기다리면 반드시 형통하여 순조로이 강을 건널 수 있다.

'정'貞은 '길'吉의 선결조건으로 반드시 기다리지 않으면 안된다. 기다려야 점괘가 길해진다.

《주역》 서괘전은 '수'를 음식의 이치로 해석하는데, 음식에 쟁송이 따라붙는 것은 필연이다. 그래서 다음에는 송괘訟卦가 등장한다.

訟송

乾 上
坎 下

송괘의 괘사: 訟송, 有孚窒유부질.
惕中吉척중길, 終凶종흉. 利見大人이견대인,
不利涉大川불리섭대천.

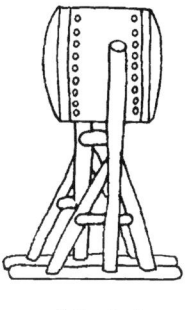

쟁론·소송

송괘의 상괘 '건'은 하늘, 하괘 '감'은 물이다. 하늘은 위에 있고, 물은 아래 있다. 행동 방향이 다르기 때문에 서로 다투게 된다.

군자는 일을 처리할 때 미리 신중히 계획해 다툼을 방지해야 돼.

'구이'가 한가운데 위치해 성실함을 상징한다. 하지만 상괘의 '구오'와 같은 양효로 불응의 상태라서, 성실함이 질식되고 우려가 증가하므로 경계해야 한다.

또한 상구上九가 3개 양효의 맨 위에 위치해 매우 강한데, 자신의 힘을 믿고 분쟁을 일으키므로 필연적으로 위험하다.

송괘 전체로 보면, 건乾의 강건함이 감坎의 위험 위에 존재한다. 충실함이 함정 위를 걷는 형국이라서 자신의 위세에 의지하면 통과할 수 없다.

'대인'大人은 '구오'에 해당한다. 양효가 상괘의 중中을 얻었으므로 강건하고 올곧아 영도적 지위에 있다.

위세를 부리면 흥해지고, 공정한 대인의 재판을 받으면 이롭다. 하지만 큰 강을 건너는 것 같은 모험을 해서는 이로움을 얻을 수 없다.

쟁송은 반드시 무리를 지어 발생하므로 다음은 사괘師卦다. '사'師는 무리를 지음을 뜻한다.

사괘의 형상은 물이 땅속에 있으면서 밖으로 유출되지 않는 것이다. 마찬가지로 병사도 백성들 속에 있기 때문에, 유순한 백성들 속에 군대와 위험이 숨어 있다는 뜻이다.

'구이'는 유일한 양괘로 하괘의 한가운데 위치한다. 나머지 다섯 개의 음효가 둘러싸고 지키는 까닭에 장수를 의미한다.

'육오'의 부드러움이 아주 높은 곳에 자리해 있어, 군주가 장수를 임명하고 군세를 확장함을 상징한다.

'장인'丈人은 정의와 중용을 갖춘 노련하고 신중한 사람을 가리킨다. 이런 사람이 군대를 통솔해야 과오와 재앙을 면할 수 있다.

군대의 지도방침은 올바라야 한다. 정의롭고 원칙을 지켜야 단결해 적을 이길 수 있다. 다음 괘는 비괘比卦다. '비'比는 단결, 친밀을 의미한다.

지도자는 이 괘의 주효인 '구오'인데, 강건한 양陽이 중中을 얻어 지중지정至中至正의 상태이다. 상하 5개의 음효가 이를 따르는 것은 지도자의 주위에서 모두가 친밀하고 화목하는 상서로움을 상징한다.

'원서'原筮는 고대의 점치는 방법인데, 초서初筮, 재서再筮 등의 다른 해석도 있다. '원'元은 시작과 좋음을 뜻한다.

친밀히 서로 돕는 원칙은 일찍이 복서卜筮에서도 검증되었다. 만물의 근원이자 꿋꿋하고 바른 덕행을 지니게 되어 재앙을 만나지 않게 된다.

여러 사람이 의지하는 것을 보고 불편해하고 주저하는 사람은 흉하고 위험하다.

우애, 협력하면 축적이 이루어지므로 다음은 소축괘小畜卦이다. '축'畜은 '축'蓄과 같다.

小畜 소축

巽 上
乾 下

소축괘의 괘사: 小畜소축, 亨형.
密雲不雨밀운불우, 自我西郊자아서교.

작은 축적
소규모 장애

상괘 '손'巽은 바람, 하괘 '건'乾은 하늘이다. 바람이 하늘 위에 있어 아직 비가 내리지 않기 때문에 소축小畜에 비유하였다.

음효가 '육사' 하나밖에 없다. 양이 지나치게 많고 음이 부족해 해보려는 시도는 왕성하지만 역부족이다.

한 개의 음이 다섯 개의 양을 기르느라 힘이 벅차다. 큰 일을 이루고 싶으면 잠시 기다려야 한다.

*유리羑里: 하남성 북부의 옛 지명으로 주나라 문왕이 상나라 주왕에 잡혀 있던 곳.

履이

이괘의 괘사: 履虎尾이호미, 不咥人부질인, 亨형.

乾上
兌下

이행·실천

상괘 '건'乾은 하늘, 하괘 '태'兌는 연못이다. 하늘이 위에, 연못이 아래 있는 것은 우주의 바른 도리다. 사람도 의당 그 정신을 모방하고 이행해야 한다.

그래서 '이'履라고 이름한 거예요.

상괘 '건'은 삼효 모두 양으로 강건함을 상징한다. 하괘 '태'가 뒤를 바짝 따르므로 호랑이 꼬리를 밟는 것에 비유한다.

태는 온화한 덕행을 지니고 있어 호랑이는 결코 이를 드러내지 않는다. 일이 순조로이 진행된다는 점괘다.

주역 64괘   119

이괘는 이상을 실천하는 원칙을 설명해준다. 그 당시 주나라 문왕은 폭군이었던 상나라 주왕의 손아귀 안에서 '호랑이 꼬리를 밟는' 듯한 위기였기 때문에 애써 공순한 태도를 취했다.

조금이라도 신중하지 못하면 패가망신 하던 때였다. 강한 신념을 갖고 자신을 지켜야 형통할 수 있었다.

이상을 실천하기 위한 원칙은 '예'禮에 대한 경계에도 적용된다. 예의범절을 지켜야 교양을 갖춘 군자가 될 수 있다.

이괘履卦

예의가 있으면 무사태평해지므로 다음에는 태괘泰卦가 이어진다. '태'泰는 막힘없이 통한다는 뜻이다.

坤 上
乾 下

태사의 괘사: 泰태.
小往大來소왕대래, 吉길, 亨형.

태평·형통

태괘의 상괘 '곤'은 땅, 하괘 '건'은 하늘이다. 불합리한 것 같지만 하늘과 땅이 교차하고 음양의 기맥이 통하는 안태安泰의 이치를 나타내므로 태泰라고 이름붙였다.

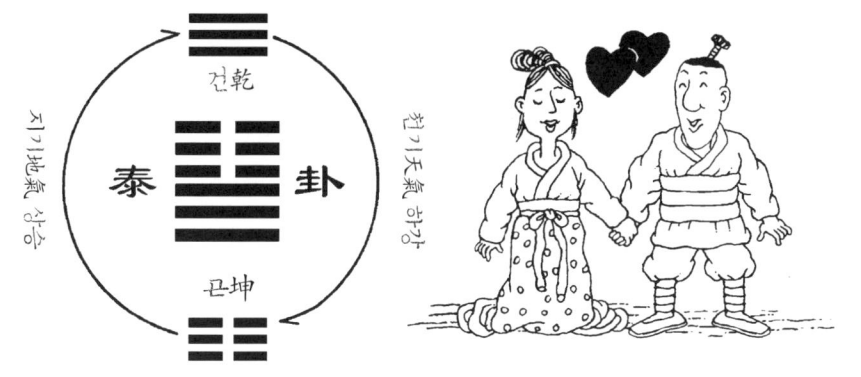

고대의 군왕들은 이런 자연법칙에 순응하고 그것을 더욱 확대하여 국가를 통치하고 인민의 생활을 안락하게 하는 데 사용하였다.

'소왕대래'小往大來의 '소'小는 순음純陰인 상괘 '곤'坤, '대'大는 순양純陽인 하괘 '건'을 가리킨다. 그리고 '왕'往은 바깥쪽, '래'來는 안쪽을 향한다는 의미이다. 곧 곤이 외괘에 이르면 '소왕', 건이 내괘에 이르면 '대래'이다.

소왕대래小往大來   태괘

태괘는 소식괘消息卦에서 정월에 해당한다. 천지가 교차하고 해와 달이 만나는 계절이라서 만물이 형통한다.

주효는 유순함과 중용을 뜻하는 '육오'로서, 음효의 중심은 공허하고 '구이'와 음양상응한다. 깊은 산 계곡처럼 겸허한 군자를 상징하기도 한다.

만물이 항상 형통할 수는 없으므로 다음은 비괘否卦이다. '비'否는 파괴와 막힘을 뜻한다.

否비

乾 上
坤 下

비괘의 괘사: 否之匪人비지비인, 不利君子貞불리군자정, 大往小來대왕소래.

암흑·막힘

'건'의 하늘이 위, '곤'의 땅이 아래 있어 상서로운 듯하지만, 실제로는 하늘과 땅이 괴리되고 음양이 통하지 않는 형상이다.

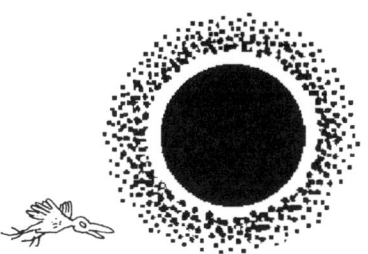

인간사회에 비추면 임금과 신하의 거리가 멀어 정치가 혼란스럽고 권력이 유명무실한 정황이다.

내괘는 모두 음, 외괘는 모두 양이라서, 겉모습이 강해 보여도 내심은 유약한 소인을 상징한다.

주역 64괘   123

음은 소인이고, 양은 군자다. 소인이 조정 안에 도사리고 있으면 군자는 밖으로 쫓겨나게 되어 정직한 군자에게 불리하다. '대왕소래'大往小來는 상괘 태泰와 상반하므로 암흑과 막힘을 상징한다.

'비괘'도 소식괘 중의 하나로 음장양소陰長陽消인 7월을 나타낸다. 소인이 날로 득세하고, 군자는 나날이 은퇴하는 경향을 보인다.

'고생 끝에 낙이 온다'否極泰來는 말은 태괘와 비괘에서 나왔지.

십이소식괘

비괘否卦

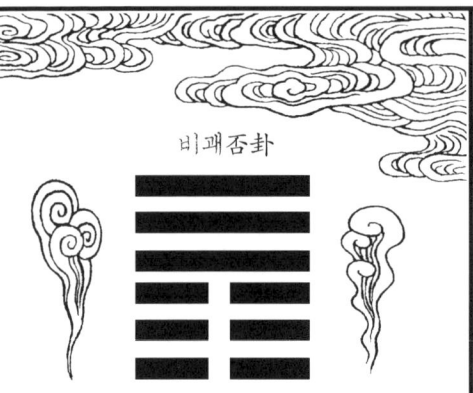

군자는 폐쇄적인 상황에서는 자신의 재능을 감추어 소인의 모함을 피해야 한다.

만물이 항상 막혀 있을 수는 없으므로 다음은 동인괘同人卦다. '동'同은 회동, 합동을 뜻하는데, 모두가 협력해 난국을 돌파한다는 의미다.

同人 동인

동인괘의 괘사: 同人於野동인어야, 亨형, 利涉大川이섭대천, 利君子貞이군자정.

乾 上
離 下

동심협력

동인괘에서 상괘 '건'은 하늘, 하괘 '이'離는 불이다.

불은 위로 향할 뿐 아니라 밝은 성질을 지니고 있다. 하늘의 특성과 비슷해 '동인'同人의 형상을 이룬다.

유순한 '육이'와 강건한 '구오'가 상응함은 많은 사람이 넓은 들판에 모인 조화롭고 형통하는 모습을 상징한다.

'이섭대천'利涉大川은 '건'이 강건히 전진하므로 험난한 장애를 뛰어넘고 대동을 이룬다는 뜻이다.

주역 64괘

하괘 '이'는 광명, 상괘 '건'은 강건을 상징하는데, '육이'와 '구오'가 중정中正에 위치해 서로 장점을 발휘하고 있다. 군자가 따라야 할 바른길이다.

뜻을 이루고 싶은 군자는 이와 같이 같은 부류의 사람을 하나되게 만드는 정신을 본받아, 확고한 신념 아래 대동소이大同小異를 추구함으로써 대업을 이루어야 한다.

겸허히 모두와 화목하면 만백성이 귀의할 것이요, 뭇 사람이 바라는 큰 수확을 거둘 것이다. 다음 괘가 대유괘大有卦인 이유다.

'대유'大有는 큰 소유, 곧 위대한 사업이라는 뜻이지.

大有대유

離 上
乾 下

대유괘의 괘사: 大有대유, 元亨원형.

큰 수확

대유괘의 상괘 '이'는 해, 하괘 '건'은 하늘이다. 해가 하늘 위에 높이 떠서 만물을 두루 비침으로써 큰 수확을 거두는 모습을 상징한다.

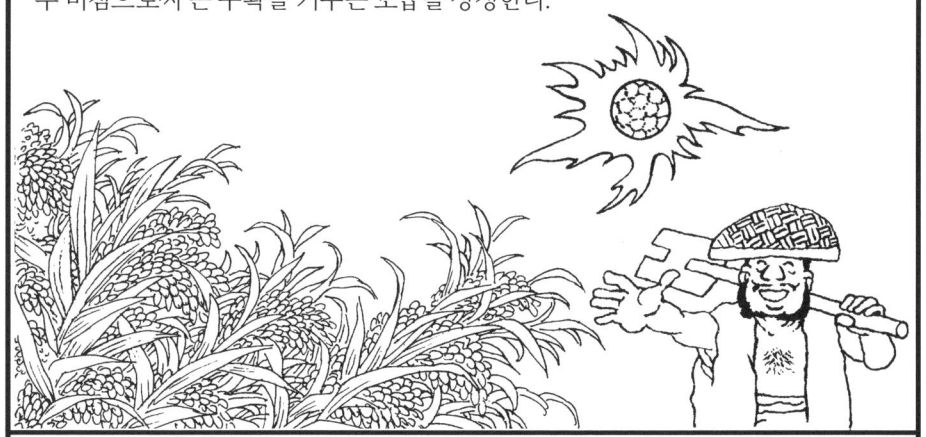

유일한 음효인 '육오'가 높은 자리에서 중中을 얻어 다섯 개의 양효를 통솔하고 있다. 군자가 높은 자리에 앉아 천하를 움켜쥔 채 깊은 산 계곡처럼 겸허한 마음을 갖춘 모습을 상징한다.

주역 64괘 127

하괘 '건'은 강건, 상괘 '이'는 광명으로 강건함과 광명의 덕행을 겸비한 괘의 모습이다.

한편 '육오'와 '구이'가 상응해 강함과 부드러움이 서로 어울림으로써 점점 더 장점을 발현하고 있다.

군주가 천명을 받들고 민심에 순응해 백성을 통솔함으로써 위대한 사업을 완성함을 상징한다. 이 괘의 점사가 '크게 형통하다'元亨인 이유다.

큰일을 할 사람은 현실에 안주하면 안돼. 다음 괘가 겸괘謙卦인 이유지.

謙겸

겸손의 미덕

내괘 '간'은 산과 마침을, 외괘 '곤'은 땅과 순종을 상징한다. 마음으로 절제할 줄 알며, 겉보기에도 유순하다. 그야말로 겸손의 모습이다.

겸괘의 형상은 또한 산이 땅 아래 있다. 높은 산이 자신을 낮추어 땅 아래 둠으로써 스스로를 낮추어 고귀함을 품은 모습이다. 역시 겸손함의 발로이다.

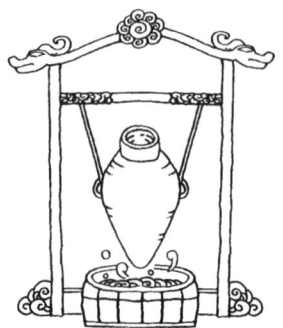

'속이 비면 쓰러지고, 너무 많이 채워도 넘어지는' 바닥이 뾰족한 제기를 사용해 경계한 것은 다 이유가 있다.

'가득 차면 손해를 부르고, 겸손해야 이익을 얻는다'는 노자의 말을 되새길 필요가 있다.

그래서 이런 괘사가 나오는 것이다. "겸손하면 형통할 수 있으니, 처음에 어렵게 시작해도 결국은 능력을 인정받아 성공할 수 있다."

큰일을 이루고도 겸손한 사람은 행동에 지나침과 모자람이 없어 필연적으로 즐겁다. 예괘豫卦가 다음에 오는 이유다.

豫예

예괘의 괘사:
豫예, 利建侯行師이건후행사.

震 上
坤 下

안락·희열

예괘의 상괘 '진'은 천둥, 하괘 '곤'은 땅이다. 땅 위에서 천둥이 대지를 진동시키니, 음양이 잘 화합하는 형상이다.

파르릉

상괘 진은 능동적이고, 하괘 곤은 순종적이다. 그때그때의 상황에 맞추어 행동할 수 있어 유쾌하므로 '예'豫라고 명명하였다.

隨수

兌 上
震 下

수괘의 괘사: 隨수,
元亨利貞원형이정, 無咎무구.

온화·순종

하괘 '진'은 운동, 상괘 '태'는 기쁨이다. 따라서 이쪽이 움직이면 저쪽이 기뻐하는 형상으로, 서로 화합해 사이가 좋으면 사업은 성공한다.

수면청동부獸面青銅斧(상나라 말기)

좋은 결과를 얻으려면 반드시 정도를 지켜야 해. 안 그러면 재앙을 피할 수 없지.

사람들과 함께할 때는 허심탄회하고 사이좋게 지내야 한다. 그래야 사람들의 신뢰를 얻어 사업을 추진할 수 있다.

주역 64괘 133

진의 방위는 동쪽으로 일출과 봄을 상징하고, 태의 방위는 서쪽으로 일몰과 가을을 상징한다. 사계절의 변화에 따라 안식기를 갖는다는 의미도 있다.

해가 뜨면 일하고, 해가 지면 쉰다. 자연과 함께 사는 인류는 자연의 섭리에 따르고 자연에 보조를 맞추어 심신의 안락함을 보장해야 한다.

마음 가는 대로 함부로 행동해 향락에 빠지면, 반드시 사고가 난다. 다음에 고괘蠱卦가 오는 이유다. '고蠱'는 그릇 속의 물건이 썩어 벌레가 생기는 현상을 가리킨다.

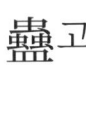

艮 上
巽 下

고괘의 괘사: 蠱고, 元亨원형.
利涉大川이섭대천, 先甲三日선갑삼일,
後甲三日후갑삼일.

혁신·부패

상괘 '간'은 산, 하괘 '손'은 바람이다. 바람이 산 위쪽으로 불어 초목 과실이 어지러이 흩어짐은 쇠락의 조짐이다.

또한 하괘는 순종, 상괘는 멈춤으로, 아랫사람이 굴종하고 윗사람은 정체하니, 부패하기 마련이다.

그래서 '고괘'라고 한 것이지요.

주역 64괘

臨임

坤 上
兌 下

임괘의 괘사: 臨임, 元亨利貞원형이정, 至于八月有凶지우팔월유흉.

높은 곳에서 내려다봄

상괘 '곤'은 땅, 하괘 '태'는 연못이야. 땅이 연못 위 높은 곳에서 아래를 내려다보기 때문에 '임臨'이라 명명되었지.

또한 상괘 '곤'은 순종, 하괘 '태'는 기쁨을 의미하는데, 기쁜 마음으로 순종하면 소원이 이루어진다는 뜻이다.

'구이'와 '육오'는 음양이 상응해 위아래가 서로 통한다. 따라서 임괘는 원, 형, 이, 정의 네 덕을 겸비하고 있다.

'8월에 이르면'이라는 말은 십이소식괘와 결부되어 있다. 임괘(12월)는 태, 대장, 쾌, 건, 구, 둔, 비 7개월을 경과한 뒤의 8월 관괘(觀卦)와 정반대의 모양이며, 음이 성하고 양이 쇠약하다. 음은 쇠퇴를 상징하므로 '8월에 이르면 흉함이 있다'는 것이다.

'임'(臨)은 군림을 의미하는데, 대(大)를 가지고 소(小)에 임하므로 장대(壯大)라는 뜻이 있어. 그 다음에는 보고 배울 수 있는 조건이 갖추어지므로 관괘(觀卦)가 뒤를 잇지.

觀관

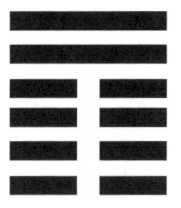

巽 上
坤 下

관괘의 괘사: 觀관. 盥而不荐관이불천, 有孚顒若유부옹약.

전시·관찰

관괘의 상괘 '손巽'은 바람, 하괘 '곤'은 땅으로, 바람이 땅 위에서 불어 만물에 두루 영향을 끼친다. 고대의 군주는 그 계시를 받아 각 지방을 순시하며 민정을 살피고 백성을 교화하였다.

'구오'는 위대한 군주를 상징하는데, 높은 자리에 앉아 만백성의 추앙을 받는다.

4개의 음효는 충심으로 기쁘게 따르는 신민을 상징한다.

군주는 제례를 위해 손을 씻고 제물을 바치기에 앞서 존경과 추모의 대상이 되어야 한다. 	아랫사람들은 훌륭하고 덕이 높은 군주를 보면 감화된다. 

관괘觀卦

'상구'上九는 윗사람은 늘 관찰의 대상이 됨을 상징하지. 매사를 경계해야 하고, 자만하거나 직무를 소홀히 해서는 안되는 이유야.

'상구'는 고결한 은자隱者를 상징함

전체 괘사는 제사를 지낼 때처럼 군주가 경건하고 신중해야 함을 경고한다. 그래야 백성들의 신뢰와 존경을 받는다. 	우러러 받들 수 있는 조건이 충족되면, 사람들이 모여든다. 그래서 다음 괘는 서합괘噬嗑卦인데, '합'嗑은 모은다는 뜻이다. 

噬嗑 서합

서합괘의 괘사: 噬嗑서합, 亨형. 利用獄이용옥.

형벌 맞물림

離 上
震 下

하괘 '진'은 천둥, 상괘 '이'는 번개로, 천둥은 무력에 의한 위협을 갖추고 있고, 번개는 빛을 발한다. 고대의 왕들은 이 같은 정신을 본받아 형벌을 제정하고 법률을 엄정히 하였다.

'서'噬는 '음식물을 씹다', '합'嗑은 '위턱과 아래턱이 한데 합쳐지다'는 뜻이다.

오도독 오도독

'서합'은 위아래 턱이 맞물리는 운동을 통해 입안의 음식을 잘게 씹는 형상을 가리킨다.

주역 64괘   141

| 괘의 형상은 이괘頤卦와 비슷하다. 이괘는 입을 크게 벌리고 위아래 턱이 마주하는 모습이다. | 서합괘는 위아래 턱 사이에 양효가 하나 들어 있어 씹는 형상을 이루고 있다. |

형통이 되지 않는 경우는 중간에 장애가 있기 마련이다. 중간의 장애를 깨물어 부수면, 형통이 이루어진다. 그래서 이 괘의 괘사는 '형亨'이다.

| 이면적으로는 형벌을 상징한다. 형벌은 장애가 되는 불량분자를 제거하는 것이다. | 만물을 되는 대로 모으기만 해서는 안 되므로 다음에는 비괘賁卦가 등장한다. '비'賁는 꾸밈을 의미한다. |

賁비

비괘의 괘사: 賁비, 亨형, 小利有攸往소리유유왕.

艮上
離下

문명·장식

비괘의 하괘 '이'는 해이고, 상괘 '간'은 산, 곧 멈춤이다. 문명은 사물의 본체 위에 똬리를 틀기 때문에 '비'賁라는 이름이 붙었다.

'비'賁는 문명과 장식이란 뜻이죠.

천문을 관찰함으로써 사계절이 바뀌는 원리를 통달할 수 있지.

사람이 지켜야 할 오륜의 질서를 관찰해 백성을 교화시키고, 외관과 실질을 조화시켜 풍속을 변화시킬 수 있다.

장식이 조화로우면 사물을 아름답게 하고, 본래의 기능을 지닌 채 '형통'할 수 있다. 그러나 장식은 이차적인 것이라서, 적정선을 지켜야 이익을 얻을 수 있고, 지나치면 이롭지 않다.

장식이 지나치면 형식에 치우쳐 허식虛飾이 되고 만다. 본체를 침식해 박락을 피할 수 없으므로 다음에는 박괘剝卦가 이어진다.

剝박

艮 上
坤 下

박락剝落

박괘의 상괘 '간'은 산, 하괘 '곤'은 땅으로, 산이 땅에 붙어 있다. 산은 본래 땅 위에 높이 솟아 있었지만, 박락 풍화작용에 의해 땅에 들러붙게 되었다.

또한 '곤'은 순종, '간'은 멈춤이다. 대세에 순종할 뿐 아니라, 신중하고 참을 줄 알아야 한다.

조심해!

소탐대실해 경솔히 행동해서는 안된다.

주역 64괘

전체적으로 보아 밑에서부터 음효가 5개 이어지고 양효는 하나뿐이기 때문에 매우 위태롭다. 이 점은 소식괘에서 한층 더 명백하다.

군자는 음陰이 성하고 양陽이 쇠한 불리한 조건에서는 힘을 비축하며 때를 기다려야 한다.

물질의 발전에는 순환성이 있다. 음이 성해 극점에 이르면 다시 위에서 아래로 회귀하기 때문에, 다음 괘는 복괘復卦이다.

復 복

복괘의 괘사: 復복, 亨형.
出入無疾출입무질, 朋來無咎붕래무구.
反復其道반복기도, 七日來復칠일래복,
利有攸往이유유왕.

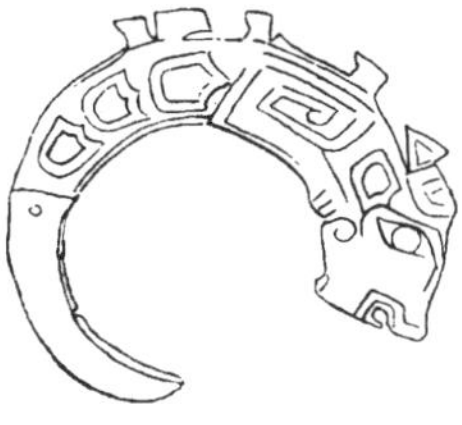

坤 上
震 下

회귀

복괘의 상괘 '곤'은 땅, 하괘 '진'은 천둥으로, 천둥이 땅 아래 있는 형상이다. 양강陽剛이 처음 발생하지만 아직 음과 맞서기에는 부족해 천둥이 일어난다.

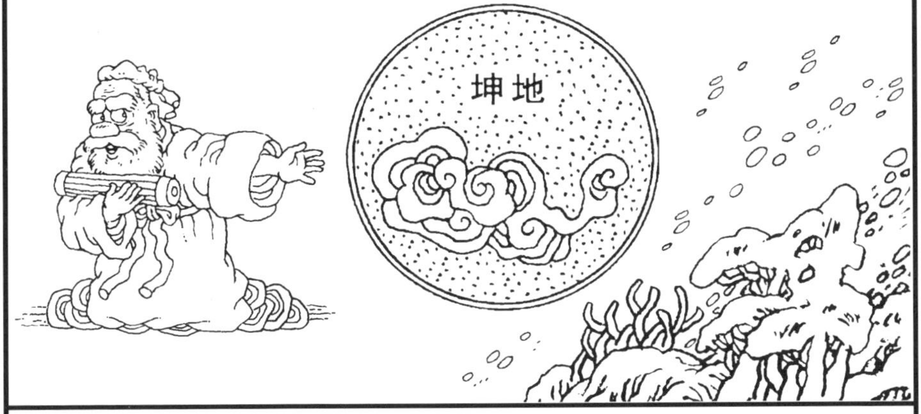

坤地

복괘가 형통인 이유는 양강陽剛이 다시 돌아와 활력을 일으키기 때문이다.

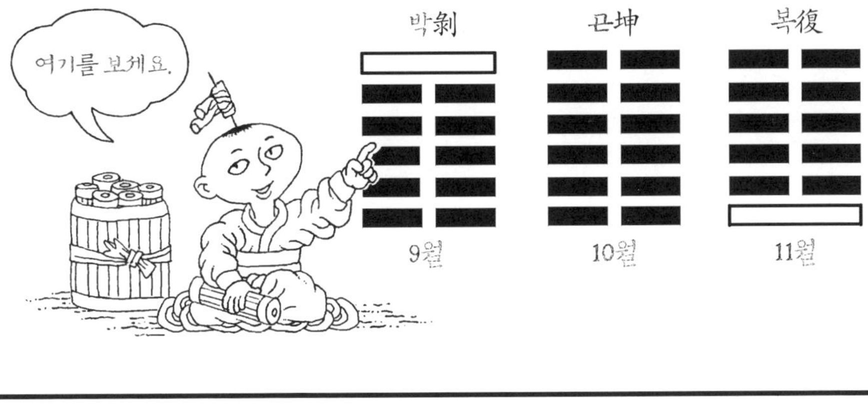

여기를 보세요.

박剝   곤坤   복復
9월   10월   11월

주역 64괘   147

또한 내괘 '진'은 움직임, 외괘 '곤'은 순종을 의미한다. 양陽이 아래서 활동하며 자연스레 상승하므로 출입에 지장이 없다고 하는 것이다.

뜻이 통하는 친구가 찾아오면 해로운 일은 당연히 없지.

음양의 반복은 자연의 법칙이다. 소식괘에서는 음효가 구괘姤卦에서 발생해 복괘에 이르면 일양一陽이 부활한다. 앞뒤로 일곱 개의 효를 거치는데 하나의 효를 하루에 비유해 '7일 만에 돌아온다'고 설명하였다.

음이 극에 이르면 양이 생기는데, 복괘에서지 양강이 다시 시작되지. 그래서 적극적인 행동에 유리해.

새로이 회복해 진실에 이르면 허망하지 않으므로, 다음은 무망괘無妄卦이다.

객관적 법칙

내괘 '진'이 움직임, 외괘 '건'이 굳건함을 의미해 행동이 강건하다. '구오'와 '육이'의 상응으로 굳셈과 부드러움이 자리를 잡아 크게 형통할 수 있다.

무망괘는 위대, 형통, 온화, 견고라는 사덕四德을 모두 갖추고 있다. 하지만 정의를 견지하지 못하면 하늘의 도움을 받지 못해 폐해가 생기고 전진에 불리하다.

허황되지 않은 원칙이 있으면 현실에 발을 딛고 역량을 확충할 수 있다. 다음 괘가 대축괘大畜卦인 이유인데, '축'畜은 곧 축蓄을 의미한다.

大畜 대축

艮 上
乾 下

대축괘의 괘사: 大畜대축, 利貞이정, 不家食불가식, 吉길, 利涉大川이섭대천.

수원水源 개발
물의 유실 억제

하늘인 하괘 '건'이 상괘 '간'의 산속에 안겨 있어 큰 축적이 있다.

군자는 이 같은 정신을 겸허히 수용해 자신의 수양을 풍부히 쌓아가야 한다.

'이정'利貞은 정도를 걸어야 발전한다는 뜻이다. 몸소 논밭을 가는 데 만족하지 말고, 현명한 군주에게 의탁해 공을 세워야 한다.

상괘 '간'의 중효인 '육오'와 '구이'는 상응하고 있다. 하괘 '건'이 하늘이라서 육오가 하늘에 순응해 도를 행하면 극복 못할 어려움이 없다.

상괘 간艮은 산

하괘 건乾은 하늘

'육오'는 골짜기처럼 깊이 겸허한 군주, 상구上九는 존경받는 현인을 상징하므로, '큰 내를 건너면 이롭다'고 한 것이다.

물자를 축적한 다음이라야 양육할 수 있으므로 다음에는 이괘頤卦가 이어진다. '이'頤는 양육을 의미한다.

식량은 국민 생활의 근본이지.

頤이

䷚

艮 上
震 下

이괘의 괘사: 頤이, 貞吉정길. 觀頤관이, 自求口實자구구실.

양생 養生

이괘의 상괘 '간'은 산, 하괘 '진'은 천둥이다. 봄날 천둥이 산 아래서 진동할 때, 산의 초목이 싹이 나고 자라기 때문에 양육을 상징한다.

군자는 이런 정신을 본받아 말을 삼가며 덕행을 쌓고, 절도있는 식생활을 통해 몸에 영양을 공급해야 한다.

몸을 보양하기 위해서는 생명의 법칙을 따라야 해. 그래야 건강과 활력을 지닐 수 있지.

이괘는 입을 크게 벌린 모습이다. 윗니와 아랫니가 마주한 사이로 음식물이 들어가 배에 영양을 공급한다.

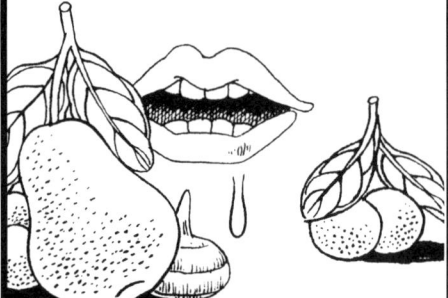

상괘 '간'은 멈춤, 하괘 '진'은 움직임인데, 음식물을 씹을 때 보통 위턱은 움직이지 않고 아래턱을 움직이므로 안성맞춤이다.

'자구구실' 自求口實은 성인이 유능한 인재를 길러 백성을 다스리는데 활용함을 가리킨다.

양육하지 않으면 행동할 수 없고, 크게 발전할 수 없으므로, 다음 괘는 대과괘 大過卦이다.

'대과' 大過는 큰 발전을 뜻해.

大過대과

대과괘의 괘사: 棟橈동요, 利有攸往이유유왕, 亨형.

큰 발전
예사롭지 않은 행동

兌 上
巽 下

상괘 '태'는 연못, 하괘 '손'은 나무다. 물은 나무를 뜨게 해야 하는데 오히려 가라앉게 하므로, 심상치 않은 상황이다.

동요棟橈는 휘어진 대들보를 가리키지.

괘의 형상을 대들보에 비유하면 가운데가 단단하고 양끝이 약해 무게를 감당하기 힘들다.

주역 64괘 155

양효가 많지만 '구이'는 내괘에서 중中을 얻었고, 내괘 손은 순종, 외괘 태는 기쁨이다. 중용을 지키고 순종하면 협력을 얻어 전진에 유리하고 형통할 수 있다.

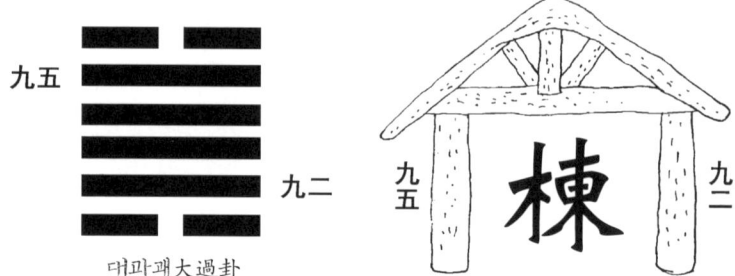

휘어진 대들보가 상징하는 현상이 꼭 나쁜 것은 아니다. 무릇 발전기에는 반드시 비상상태에 놓이게 되는데, 상나라 탕왕과 주나라 무왕의 혁명처럼 앞으로 나아가기 위한 부득이한 경우가 있다.

비상한 과도기를 만나면 불퇴전의 용기가 있어야 중책을 맡을 수 있다.

만물이 항상 발전만 하는 것은 아니므로 다음은 감괘坎卦야. '감坎'은 위험을 뜻해.

坎감

감괘의 괘사: 習坎습감, 有孚유부, 維心亨유심형, 行有尙행유상.

坎上
坎下

거듭되는 위험

'습'習의 본뜻은 새가 날기 연습을 거듭하는 모양을 가리키는데, '거듭'의 의미가 있다. 여기서는 두 개의 감坎이 중첩되어 물이 되고, 끝없이 밀려오며 용솟음치는 모습을 상징한다.

하나의 양陽이 두 음陰 사이에 갇혀 있는데, 더욱이 중첩된 모양이다. 함정과 거듭되는 위험을 상징한다.

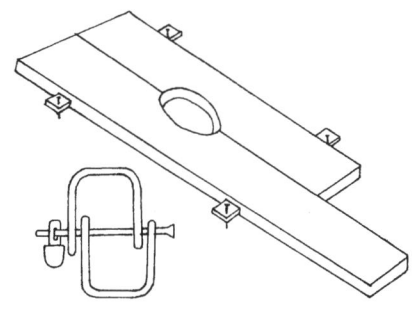

그러나 음허양실陰虛陽實이니 중간의 양효는 위험에 처했을 때도 마음속 신념이 변하지 않음(有孚)을 상징한다.

주역 64괘

구이와 구오의 양강陽剛이 중中을 얻어 굳건한 덕행을 갖추고 있으므로, 어떤 위험이 닥쳐도 활짝 트여 관통하게 된다.

'행유상'行有尙도 강건 중용의 방침으로 지도하면 반드시 성공의 길로 나아간다는 의미다.

험난한 어려움이 거듭되는 형상이지만 돋보이는 강한 의지와 숭고한 덕성을 갖추고 있으므로 형통할 수 있다.

위험에 빠지면 무엇인가에 의지해 빠져나와야 하므로 감≡≡은 전화하여 이離≡가 된다.

그래서 다음은 이괘離卦야. '이'는 '여'麗, 즉 부착과 의지依支를 뜻해.

離 이

이괘의 괘사: 離이, 利貞이정, 亨형, 畜牝牛축빈우, 吉길.

離 上
離 下

광명·현란

이괘는 광명을 대표하는 두 개의 '이'離로 구성되어 있다. 무한한 광명을 상징하며, 군자는 이 정신을 본받아 사방을 빛나게 해야 한다.

'이'離와 '여'麗는 음이 같다. 고대에 '여'는 나란히 서 있는 두 마리의 사슴이 서로 돕고 의지한다는 의미였다.

중간의 음효가 두 양효에 부착되어 있는 형상이라서 '이'離라고 명명되었다.

주역 64괘

'이'는 또한 불을 상징한다. 속이 공허하고 바깥이 밝은 불은 바깥쪽이 양실陽實한 이괘와 엇비슷하다. 불꽃 역시 물체에 부착한다.

광명을 대표하는 태양에서 불의 의미가 파생되었지.

부착되는 대상이 적절해야 유익함이 생긴다. 부부, 직장, 이상理想 등이 모두 그렇다.

괘형을 보자면 육이와 육오 모두 음효가 한가운데 부착되어 있다. 어미소처럼 온순하고 중정中正을 구현하고 있어 길하다.

이상이 《주역》 64괘의 상경 부분이다. 상경은 우주만물을 창시하는 천지에서 시작되지만, 하경은 인류의 발단인 남녀관계에서 시작된다. 하경의 첫 괘는 함괘咸卦이다. '함'咸은 남녀가 감응한다는 의미다.

咸함

함괘의 괘사: 咸함, 亨형, 利貞이정, 取女吉취녀길.

兌上
艮下

상호감응

함괘는 상괘 '태'가 연못, 하괘 '간'이 산의 형상을 이루고 있다. 위쪽 연못의 물이 아래로 스며들면 아래쪽 산의 흙이 수분을 흡수해 윤택해지면서 서로 감응하는 길한 모습이다.

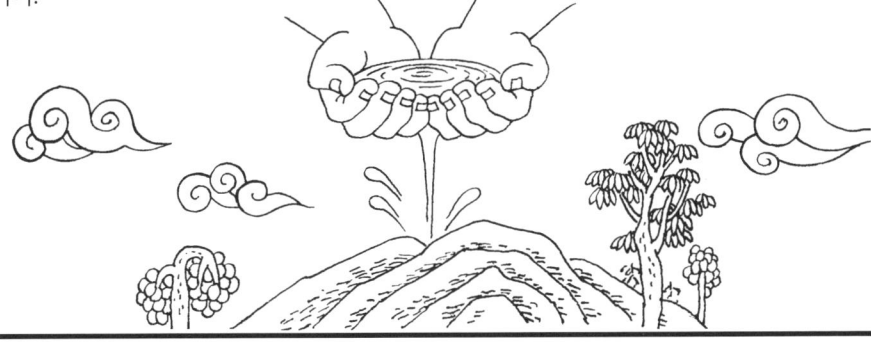

상괘는 젊은 여자, 하괘는 젊은 남자를 상징한다. 여자가 위, 남자가 아래인 괘의 성격과 상징에도 불구하고, 음양이 서로 감응해 끌어당기는 의미라서 형통이 이루어진다.

또한 '간'은 멈춤, '태'는 기쁨이다. 이성에 대해 우유부단해서는 안되고, 동기가 순수하되 젊은 여자를 맞이해야 길하다.

'함'咸의 의미는 '감'感인데 왜 직접 감이라고 하지 않은 걸까? '감'感에서 마음심心을 빼면 함咸이 되어, 무심한 감응, 이성간의 자연스럽고 본능적인 모습을 나타내려 했기 때문이다.

(咸)　　　동성 배척　　　(心)

'함'에는 모두皆라는 의미도 들어 있다. 만물은 모두 감응하므로 '개'皆에 감응이라는 의미가 있어 '함'이라고 명명하였다.

부부 관계는 오래 지속되어야 하므로, 다음은 항괘恒卦가 뒤를 잇는다. '항'恒은 '오래'라는 의미다.

恒항

震 上
巽 下

항괘의 괘사: 恒항, 亨형, 無咎무구, 利貞이정, 利有攸往이유유왕.

항상·영속

상괘 '진'은 천둥, 하괘 '손'은 바람이다. 천둥과 바람이 끊임없이 움직이며 서로를 부추기는 영속성을 상징한다.

우르릉 우르릉

'진'은 장남, '손'은 장녀인데, 남자가 위에 있다. 부계사회에 진입해 남존여비가 부부의 도리로 정해졌음을 상징한다.

다녀오셨어요?   ···

항괘는 음양의 상호감응을 상징하는 함괘와 정반대 모습이다. 함괘는 여자가 남자 위에 있다.

주역 64괘   163

'진'의 움직임, '손'의 순종이 강상유하剛上柔下 괘의 형태다. 초효와 사효, 이효와 오효, 삼효와 상효 모두 강함과 부드러움이 상응해 항상의 이치를 체현하고 있다. 형통하고 재앙이 없을 것임을 나타내는 점괘다.

그러나 형통하려면 순정을 지켜야 하며, 자연법칙 같은 영속성이 없으면 이익을 얻을 수 없다.

군자는 이런 정신을 본받아 일상생활에서 임기응변이 필요한 경우라도 방정한 품격을 변치 말아야 한다.

항상의 이치를 세심히 살피면 천지만물의 실상을 발견할 수 있지.

만물은 본모습을 영원히 보존할 수 없고 변화가 불가피하다. 다음은 둔괘遯卦인데, '둔遯'은 위험을 피해 물러난다는 뜻이다.

遯 둔

둔괘의 괘사: 遯둔. 亨형. 小利貞소리정.

乾 上
艮 下

은둔·퇴피退避

둔괘의 상괘 '건'은 하늘, 하괘 '간'은 산으로, 산이 아무리 높아도 하늘에 닿을 수 없다. 산이 높으면 하늘이 물러난다고 해서 '둔'이라는 이름이 붙었다.

물러나야 형통한다는 말은 퇴피退避해야 할 때 물러나는 것이 좋다는 뜻이다.

자벌레가 몸을 구부림은 전진을 위해서지요.

둔괘도 소식괘의 하나로 6월을 나타낸다. 6월은 음기가 점차 길어지는 계절이다.

십이소식괘

大壯 대장

대장괘의 괘사: 大壯대장, 利貞이정

震上
乾下

흥륭·장대

대장괘의 상괘 '진'은 천둥, 하괘 '건'은 하늘로, 천둥이 하늘에서 장대한 소리를 울리는 까닭에 '대장'새이라는 이름이 붙었다. 군자는 이 같은 정신을 본받아 장렬한 사업을 벌임으로써 평소의 노고를 위로해야 한다.

하괘 '건'은 강건한 순양純陽이고, 상괘 '진'은 움직임이다. 강건함에 행동이 수반되어 웅장이라는 의미를 띤다.

웅장하려면 지조가 있어야 하며, 크고 바른 길을 걸어야 해요.

주역 64괘 167

오직 공명정대한 정신만이 세상의 참모습을 발현할 수 있다. 하늘의 법칙이 공명정대하기 때문이다.

장대해진 다음에는 자신의 능력을 믿고 함부로 행동하거나 감정에 휩쓸려 횡포를 부려서는 안된다.

사물이 늘 장대할 수는 없기 때문에 다음에는 진괘䷴가 이어진다. '진'䷴은 전진이란 의미다.

晉진

진괘의 괘사: 晉진.
康侯用錫馬蕃庶강후용사마번서,
晝日三接주일삼접.

離 上
坤 下

전진·승진

진괘의 상괘 '이'는 태양, 하괘 '곤'은 땅이다. 태양이 땅 위에 나타나 만물을 두루 비추므로 '진晉'이라고 명명하였다.

또한 '이'는 의존, '곤'은 유순으로 만물이 위대한 태양에 유순히 의존함을 상징한다.

인간사회에 빗대 말하면, 제후가 군주에게 공순히 복종함을 상징한다.

明夷 명이

명이괘의 괘사:
明夷명이, 利艱貞이간정.

坤上
離下

도광양회 韜光養晦*

이 괘의 상괘 '곤'은 땅, 하괘 '이'는 태양이다. 태양이 땅속으로 들어가 광명이 상처를 받는 형상이다.

또한 '이'는 문명, '곤'은 유순으로, 안으로 총명하고 외양이 유순한 사람은 큰 재난을 이겨낼 수 있다. 주나라 문왕이 대표적이다.

*도광양회 韜光養晦: 재능이나 명성을 드러내지 않고 때를 기다린다.

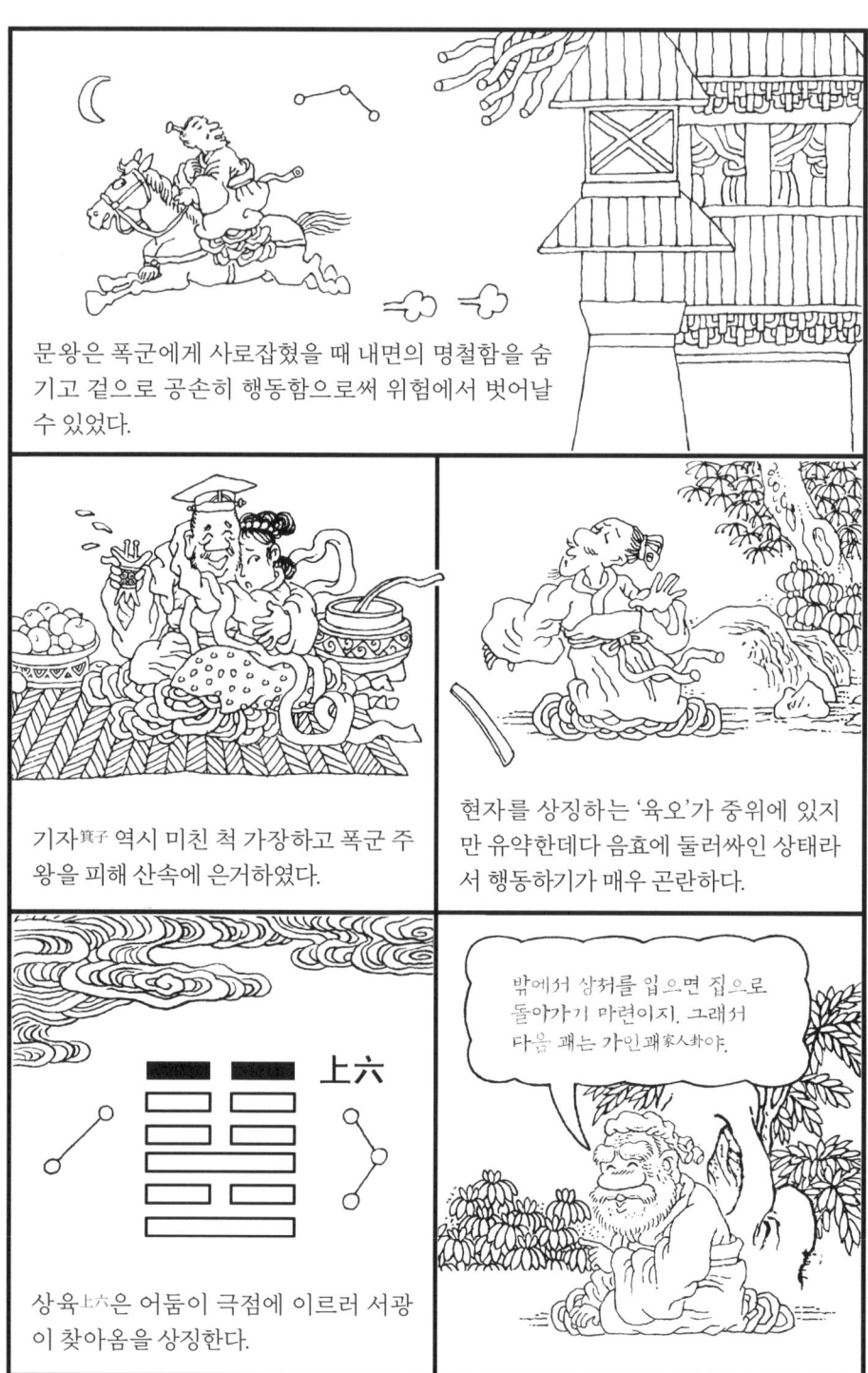

家人 가인

巽 上
離 下

가인괘의 괘사: 家人가인, 利女貞이여정.

가정·윤리

가인괘의 내괘 '이'는 불, 외괘 '손'은 바람으로, 불이 열기를 상승시켜 바람을 만든다.

모든 사물은 반드시 내재된 것을 근본으로 해서 밖으로 발전해 간다. 이것이 이 괘의 상징이다.

동시에 외괘 구오와 내괘 육이 모두 정正을 얻어 남자가 외부, 여자가 내부를 주관함을 상징한다.

남녀는 가정의 안팎에 각기 적절한 일을 가지고 있다. 천지간의 큰 이치다.

이 괘는 주부의 중요성을 강조한다. 주부가 바르면 가정이 바르고, 가정이 바르면 가정 바깥으로 나가더라도 반드시 바르기 마련이다.

부모는 가정의 군주다. 가족을 구성하는 부모, 자녀, 형제, 자매가 각각 자신의 역할을 다하면, 가정의 윤리도덕이 바른길에 들게 된다.

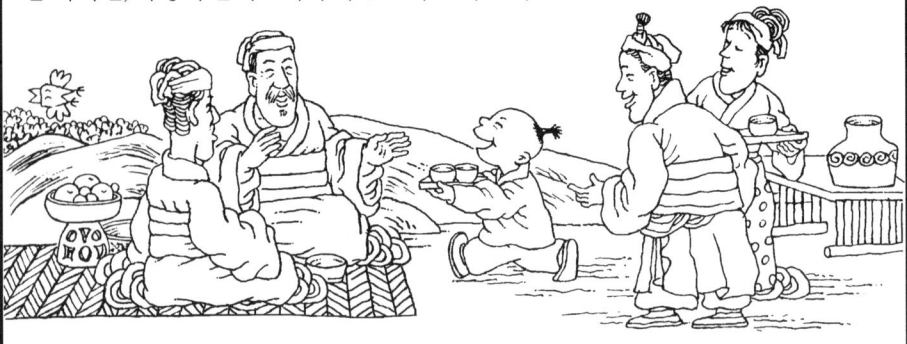

모든 가정이 정도에 들면 세상도 안정된다.

가정이 궁지에 몰리면 행동이 어긋나므로 다음 괘는 규괘睽卦이다. '규'睽는 눈을 마주치지 못하는 괴리 상태를 가리킨다.

睽규

離 上
兌 下

규괘의 괘사: 睽규. 小事吉소사길.

괴리·위배

상괘 '이'는 불, 하괘 '태'는 연못이다. 불꽃은 위로 오르고, 물은 아래로 스며드는 상반된 성질을 갖고 있다.

그래서 '규睽'라고 한 거예요.

'규'睽의 본뜻은 눈도 마주치지 못하는 어긋남, 괴리를 가리킨다.

'이'는 중년여성, '태'는 소녀를 상징한다. 두 여성이 동거하므로 동성끼리 배척한다는 의미다.

그러나 괘의 성격상 하괘 '태'는 '기쁨', 상괘 '이'는 '광명', '의존'이라서 유쾌한 마음으로 광명에 의존한다는 의미다. 배척하면서도 동화를 지향하는 것이다.

합쳐짐 가운데 어긋남이 있고, 어긋남 가운데 같음이 있으며, 같음 가운데 다름이 있고, 다름 가운데 같음이 있다. 자연법칙을 잘 운용해야 하고 싶은 일을 성취할 수 있다.

하지만 규괘의 전제가 괴리라서 큰 일은 이룰 수 없다. 작은 일을 하는 게 상서롭다.

괴리가 생기면 재난이 닥치기 마련이다. 그래서 다음 괘는 건괘蹇卦인데, '건'蹇은 재난을 뜻한다.

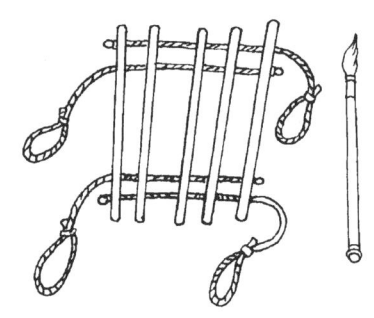

蹇건

坎上
艮下

절름발이
곤란

건괘의 상괘 '감'은 물, 하괘 '간'은 산이다. 산은 험하고 물 역시 건너기 어려워 곤란한 상태라서 '건'蹇이라고 명명하였다. '건'은 본래 '다리를 절다'는 뜻으로 곤란을 의미한다.

상괘 '감'은 일양이음一陽二陰이라는 점이 진☳, 간☶과 한가지로, 모두 곤괘에서 변화되어 나왔다. '감'도 '곤'으로 볼 수 있는데, '곤'의 방위는 서남이다.

주역 64괘 177

解해

해괘의 괘사: 解해, 利西南이서남,
無所往무소왕, 其來復기래복, 吉길.
有攸往유유왕, 夙吉숙길.

震 上
坎 下

해탈·완화

상괘 '진'은 천둥, 하괘 '감'은 비로, 비바람이 불면 대자연의 폐쇄현상이 풀린다. 군자는 이를 경계 삼아 각종 잘못을 범한 사람을 용서해야 한다.

승괘升卦

해괘는 승괘升卦에서 나온 것으로 승괘의 삼효와 사효가 바뀌어 해괘가 되었지.

주역 64괘 179

승괘의 상괘 '곤'의 방위는 서남이다. 구삼이 상승해 서남으로 간 '곤'이 어려움을 해소하는 해괘가 되므로, 서남이 이롭다고 하였다. 어려움을 해소하려면 유연해야 한다.

어려움을 해소한 다음에는 원래 있던 곳으로 돌아가 휴식을 취해야 길하다. 어려움을 해소할 때는 기회를 놓치지 말고 빨리 결단을 내려야 상서롭다.

난처함이 해소되면 반드시 손실이 있기 때문에 다음은 손괘損卦가 뒤따른다.

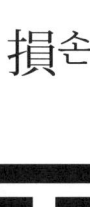

損손

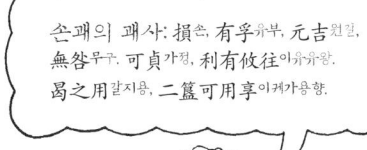

손괘의 괘사: 損손, 有孚유부, 元吉원길, 無咎무구, 可貞가정, 利有攸往이유유왕. 曷之用갈지용, 二簋可用享이궤가용향.

艮上
兌下

손실·감소

손괘의 상괘 '간'은 산, 하괘 '태'는 연못이다. 연못 속의 흙을 줄여 산을 높이기 때문에, 산이 높고 연못은 낮다.

태택兌澤   나는 이렇게 해요.   간산艮山

손괘는 태괘泰卦를 참고해 이해해야 한다. 태괘의 하괘에서 양효를 하나 줄여 상괘에 추가하면 손괘가 된다.

태괘泰卦

아래를 줄여 위를 늘리는 것이니, 백성의 재산을 줄여 군주의 부를 늘리는 것이다.

益익

巽 上
震 下

익괘의 괘사: 益익, 利有攸往이유유왕, 利涉大川이섭대천.

수익·증가

상괘 '손'은 바람, 하괘 '진'은 천둥이다. 바람이 강할수록 천둥소리는 크고, 천둥소리가 클수록 바람 역시 강해지므로, 둘은 서로 도우며 힘을 늘려간다.

손괘와 익괘는 의미가 반대라서 괘형도 역의 모습인 도치괘다. 한쪽이 손해면 다른 쪽이 이익인데, 대립하면서 서로를 보강해준다.

손損 익益

익괘는 비괘否卦를 참조해 이해해야 한다. 비괘의 상괘에서 양효를 하나 줄여 하괘의 음효를 대치하면 익괘가 된다.

비괘否卦

주역 64괘 183

익괘는 군주의 부를 감소시켜 백성의 재산을 늘림을 상징한다.

익괘의 육이와 구오는 모두 중정中正의 자리를 얻었다. 음양이 상응하고 하괘 '진'이 움직임이라서 전진하면 이롭다.

상괘는 바람과 나무, 하괘는 움직임이니, 바람에 흔들리는 나무는 배를 상징한다. 따라서 '큰 내를 건너면 이롭다'. 위험을 무릅쓰는 모험이 필요하다는 암시다.

손익의 관건은 척도와 적절한 시기를 잡는 일이다. 성심을 다하고 정의를 원칙으로 삼아야 하다.

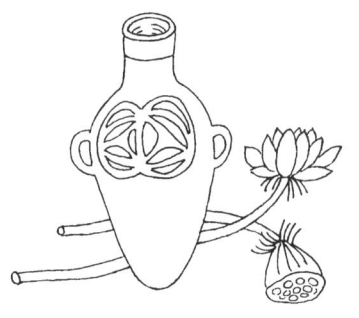

이익이 늘면 반드시 결렬이 생긴다. 다음의 쾌괘夬卦는 결렬을 의미한다.

夬괘

兌上
乾下

괘괘의 괘사: 夬쾌, 揚于王庭양우왕정, 孚號부호, 有厲유려, 告自邑고자읍, 不利卽戎불리즉융, 利有攸往이유유왕.

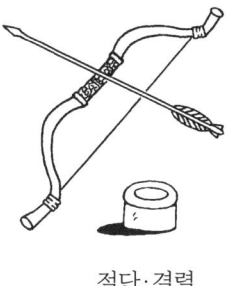

절단·결렬

쾌괘의 상괘 '태'兌는 연못, 하괘 '건'乾은 하늘이다. 연못 속의 물이 증발해 하늘로 올라가서 비가 되어 내리는 모습이다.

'쾌'夬의 본뜻은 활을 당길 때 엄지손가락에 끼는 깍지를 가리킨다. 그 위에서 활시위를 튕기기 때문에 결단을 의미한다.

다섯 양효는 강대한 군자의 세력, 유일한 음효는 쫓겨날 상황에 놓인 사악한 소인을 상징한다.

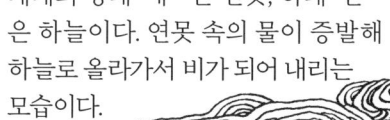

주역 64괘   185

소인은 반드시 추방해야 하지만, 여전히 조정에 세력을 형성하고 있다. 그러므로 그 죄상을 먼저 공포한 다음 군중과 힘을 합쳐 전력을 다해 타도해야 한다. 소인은 모략에 능한 위험한 존재이므로 방심해서는 안된다.

따라서 먼저 영지내 백성들에게 알려 지지를 얻어야지, 무력부터 사용하는 일은 이롭지 않다.

준비를 충분히 한 다음 거사에 나서야 한다는 이야기다.

쾌괘도 소식괘 중의 하나로 생기발랄한 3월을 나타낸다.

십이소식괘

결렬 다음에는 반드시 만남이 있다. 다음 괘는 구괘姤卦인데, '구'姤는 해후, 뜻밖의 만남을 가리킨다.

姤구

구괘의 괘사: 姤구. 女壯여장. 勿用取女물용취녀.

乾 上
巽 下

해후·만남

구괘의 상괘 '건'은 하늘, 하괘 '손'은 바람이다. 하늘에 바람이 불면 바람의 영향이 모든 곳에 미치므로 어떠한 것들이든 서로 만나게 된다.

구괘는 음효가 하나, 양효가 다섯이다. 일녀오남一女五男을 상징한다.

'구姤'와 '후逅'는 모두 뜻밖의 만남을 의미하지만, '후'는 길에서의 만남, '구'는 특히 남녀의 만남을 가리키지.

주역 64괘

이런 여자는 아내로 맞아서는 안된다.

피하는 것이 가장 현명한 선택이다.

구괘 역시 소식괘의 하나로 음양이 만나는 5월을 나타낸다.

십이소식괘

만물이 만나면 집합이 이루어지므로 다음은 췌괘萃卦가 이어진다. '췌萃'는 중생, 집합이라는 의미다.

萃췌

췌괘의 괘사: 萃췌. 亨형. 王假有廟왕격유묘, 利見大人이견대인, 亨형, 利貞이정. 用大牲吉용대생길, 利有攸往이유유왕.

兌上
坤下

집합

췌괘의 상괘 '태'는 연못, 하괘 '곤'은 땅으로, 물은 땅 위에 모여서 연못이 된다.

'췌'萃는 무성한 풀로 집합이라는 의미를 지니고 있다. 또한 '태'는 기쁨, '곤'은 순종이니, 즐거운 복종을 상징한다.

강직한 상괘 중정의 구오가 하괘 중정의 육이와 상응한다. 집합의 의미도 있어 '췌'라는 이름이 붙었다.

괘사 '왕격유묘'王假有廟의 '격'假은 '이르다'至는 뜻이다. 이 괘를 얻으면 군왕은 종묘에 나가 조상에게 효심을 나타내는 제물을 바치고, 백성을 규합해야 한다.

민중이 모이면 동기가 순수한 위대한 인물이 영도해야 형통할 수 있고 이롭다.

모이면 강해지고, 제사에서 큰 희생犧牲을 바치면 상서롭다.

한데 모아 물자를 풍부하게 하고 민심을 일치시키면, 적극적이고 진취적인 마음이 되어 위대한 사업을 이룰 수 있다.

모이면 점차 위로 올라가므로 다음 괘는 승괘升卦다. '승'升은 승昇과 같은 뜻이다.

坤 上
巽 下

승괘의 괘사: 升승, 元亨원형, 用見大人용견대인, 勿恤물휼, 南征吉남정길.

상승

승괘의 상괘 '곤'은 땅, 하괘 '손'은 나무로, 땅에서 나무가 자란다.

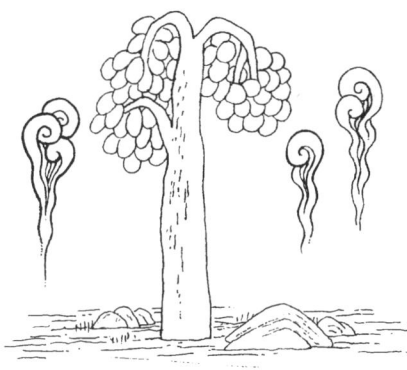

나무는 시시각각 자라는데, 그렇지 않으면 말라 죽기 때문에 '승'升의 상징이 된다.

상승 자체가 막힘이 없는데다 하괘 '손'과 상괘 '곤'이 모두 유순해 어떤 장애도 있을 수 없다.

구이의 강효가 하괘의 한가운데서 육오와 상응해 형통의 형상을 보여준다. 구이의 강직 중용한 미덕 덕분에 반드시 위대한 인물의 도움을 받게 된다.

승괘는 또한 위대한 인물을 찾으려면 정남쪽으로 가야 상서롭다고 알려준다.

남쪽은 사람들이 자연스레 마주하는 방향으로 '위(上)'에 해당해 향상과 진취를 가리킨다.

군자는 좋은 기회를 이용해 천하에 자신의 뜻을 펼쳐야 한다는 말이다.

자꾸 올라가면 곤혹스러운 궁지에 빠지게 된다. 그래서 다음 괘는 곤괘(困卦)이다.

困 곤

곤괘의 괘사: 困곤, 亨형, 貞정, 大人吉대인길, 无咎무구, 有言不信유언불신.

兌 上
坎 下

곤경

곤괘의 상괘 '태'는 연못, 하괘 '감'은 물이다. 연못 속의 물이 땅속으로 빠져나가 물이 부족해지므로 곤란한 상황이다.

할아버지, 연못 물이 모두 여기로 빠져나가요!

동시에 하괘는 위험, 상괘는 기쁨을 나타낸다. 곤경에 빠져도 즐거움을 잃지 않고 원칙을 지키며 원대한 계획을 세워나가는 군자를 상징한다.

주역 64괘

이처럼 냉정하고 침착할 수 있는 것은 위대한 인물뿐이다. 그래서 상서롭고 재앙을 만나지 않는다.

그렇더라도 소인에게 가려지면 말이 감화력이 없어지기 때문에 꾹 참고 침묵해야 한다.

또한 하괘 '감'은 음다양소陰多陽少의 양괘, 상괘 '태'는 양다음소陽多陰少의 음괘인데, 양이 음에 차단되어 군자가 소인에게 억압당함을 상징한다.

곤괘는 강건한 중정中正을 특별히 강조하는데, 늘 신중하고 경솔함에 빠지지 않아야 한다는 뜻이다.

상승에 어려움을 만나면 아래쪽으로 돌아가야 한다. 그래서 다음 괘는 정괘井卦이다.

井 정

坎 上
巽 下

정괘의 괘사: 改邑不改井개읍불개정,
無喪無得무상무득. 往來井井왕래정정.
汔至亦未繘井흘지역미율정, 羸其甁凶이기병흉.

인재등용·우물

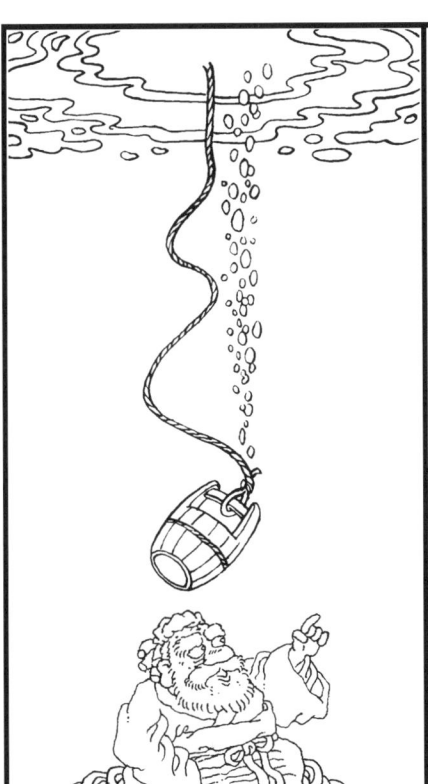

정괘의 하괘 '손'은 나무, 상괘 '감'은 물이다. 두레박으로 물을 긷는 형상이라서 '정'井이다.

'정'자의 전서篆書는 중앙에 점이 들어 있다. 정은 나무틀, 점은 두레박으로, '둘레를 에워싸다'는 의미도 있다.

사방 1리의 밭을 '정'자처럼 나눈 옛 정전법에서 가운데 땅은 공전公田과 택지로 우물을 파 함께 사용하였다.

주역 64괘

전국시대의 병서인 《사마법》은 4정井을 1읍邑 삼았다. 사람들이 물을 긷기 위해 모이는 우물가는 시장이 형성되어 '시정'市井이라고 불렸는데, 고대인의 생활에서 매우 중요한 위치를 차지하였다.

마을은 이동할 수 있으나 우물은 옮길 수 없다. 사람들이 왕래하며 물을 길어도 우물은 의연히 맑다.

두레박이 수면에 닿을 때 줄을 늦추지 않으면 질그릇 두레박이 깨지기 때문에 몹시 위험하다.

이 같은 일을 경계삼아 현인을 등용해 관습에 따라 일을 처리하며, 경솔함이 없도록 만전을 기해야 한다.

우물은 자주 청소하지 않으면 물이 탁해져 갱신이 필요하다. 다음 괘가 혁괘革卦인 이유다.

革혁

혁괘의 괘사: 革혁. 己日乃孚기일내부, 元亨利貞원형이정, 悔亡회망.

兌 上
離 下

개혁·변혁

혁괘의 상괘 '태'는 연못, 하괘 '이'는 불로, 강한 불이 물을 증발시켜 변혁을 낳는 형상이다. '혁'革은 가죽인데, 가죽을 가공하는 기술(물, 불)에서 개혁, 변혁의 의미가 나왔다.

'기일내부'己日乃孚는 변혁하려면 백성의 신뢰를 얻어야 하는데, 그 시기는 제사 지내는 날이 좋다는 뜻이다.

오행에 오상을 결합하면 '기'己는 '신'信이다. 변혁의 기준은 기일己日 여부, 곧 백성의 신뢰 여부에 달려 있다.

오행·오상결합도

주역 64괘

내괘 '이'는 밝음, 외괘 '태'는 기쁨이다. 현명하면 원, 형, 이, 정의 덕행을 갖춰 사람들이 기쁘게 따름을 상징한다.

변혁은 워낙 특별한 행동이라서 뒤늦은 후회가 따를 수밖에 없다.

하지만 4가지 덕행을 모두 갖췄기에 후회라는 결점은 이미 해소됐다. 즉, 변혁을 할 때 동기가 바르고 행위가 정당하면 반드시 변혁의 뜻이 실현된다.

변혁은 겉치레가 아니라서 철저한 혁신이 필요하다. 백성들과 함께 호흡하며 새로운 생활에 적응해야 한다.

사물을 혁신하는 데는 솥만한 게 없다. 솥은 음식을 익혀 풍미를 바꿔주므로, 다음에는 정괘䷱가 등장한다.

鼎 정

離 上
巽 下

정괘의 괘사: 鼎정, 元吉원길, 亨형.

현자賢者 양성

정괘의 하괘 '손'은 나무, 상괘 '이'는 불로, 나무 위에 불이 있어 음식을 요리하는 형상이다.

성왕聖王은 음식을 요리해 천지에 제사지내고 현인을 공양하였다.

어떤 단단한 음식도 솥에 삶으면 부드러워지므로 '정'에는 갱신, 창시의 의미가 있다. 왕조가 교체되면 새로운 군주가 첫 번째로 하는 일은 '정鼎'을 주조하는 일인데, 그것을 정혁鼎革이라고 부른다.

괘의 형태도 솥 모양 비슷해요.

초효는 '정'의 다리를 상징하고 오효는 '정'의 귀를 상징함.

내괘 '손'은 순종, 외괘 '이'는 태양과 밝음을 나타낸다. 육오는 '정'의 귀와 눈에 해당하는데, 내면의 순종과 이목이 총명함을 상징한다.

정괘鼎卦

'정'에는 나쁜 기운을 쫓는 도안을 그려 넣었다. 때로는 법조문을 새겨 위엄을 과시하였다.

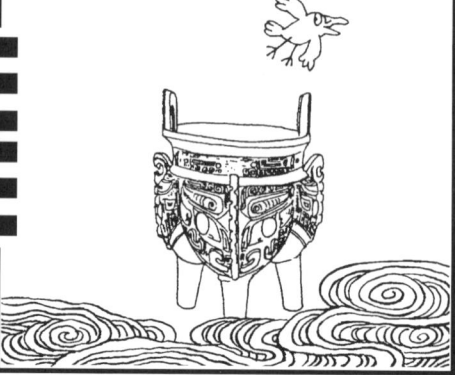

그런 까닭에 왕권의 상징으로 여겨 제사를 지낼 때 사용하고, 궁궐 묘당에 안치하였다.

결국 정괘는 만사형통과 현자의 중용을 상징한다.

'정'은 제기祭器이고, 제사지내는 책임은 장남에게 있으니, 다음은 진괘震卦이다.

진震은 여섯 자녀를 둔 건곤乾坤의 장남을 상징해.

교훈을 되새겨 경계하고 두려워할 줄 알아야 웃음꽃을 피울 수 있다.	지진의 공포는 사방 백리 안의 사람들이 느낄 만큼 무섭다.

'비'匕는 술국자, '창'鬯은 기장술이다. 술에 울금을 담가 땅에 뿌려서 그 향기로 신을 강림시킨다. 가문의 장남은 경건히 제사를 주재해 대지가 진동해도 손에 쥔 술국자를 떨어뜨리지 않아야 한다.

제사를 주재하는 장남이 스스로를 경계하고 삼가면 지진이 발생해도 침착 태연할 수 있음을 비유한 괘사이다.	만물은 시종일관 움직일 수 없으므로 휴식이 필요하다. 다음에는 간괘艮가 오는데, '간'艮은 멈춤을 의미한다.

艮 간

간괘의 괘사: 艮其背간기배, 不獲其身불획기신, 行其庭행기정, 不見其人불견기인, 無咎무구.

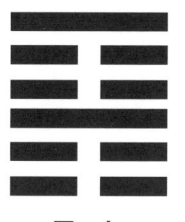

艮 上
艮 下

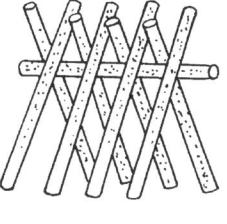

정지

간괘는 두 산이 중첩된 중후한 정지 상태다. 군자는 멈춰야 할 때는 멈출 줄 알아야 한다.

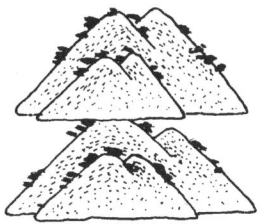

임금은 인仁, 신하는 경敬, 자식은 효孝, 어버이는 자慈, 사람과 사람 사이는 신信에 멈춰야 해요.

'간'이 산을 상징하는 이유는 일양一陽이 땅의 맨 위에 있어서인데, 양이 극점에 다달아 멈춤을 뜻한다.

간은 또한 등을 상징하는데, 사람의 몸에서 가장 움직이기 어려운 곳이 등이다. 등이 정지해 있으면, 몸을 움직이고 싶어도 움직일 수 없다.

그래서 괘사의 '배背'는 마음이 평온해 외부의 소란에 방해받지 않음을 비유한 것이다.

번잡한 환경 속에서도 평정심을 유지하면 물아일체의 경지에 이를 수 있다.

사람이 있는 정원을 거닐 때도 남의 존재를 느끼지 않을 정도의 수양을 쌓게 되면, 재앙을 초래하는 일은 없다.

간괘가 상징하는 것은 물아일체의 경지이기 때문이다.

만물은 내내 멈추어 있을 수만은 없다. 다음에는 점괘漸卦가 이어지는데, '점漸'은 점진漸進이라는 의미다.

漸 점

점괘의 괘사: 漸점, 女歸吉여귀길, 利貞이정.

巽 上
艮 下

점진

점괘의 하괘 '간'은 산, 상괘 '손'은 나무다. 산 위에 나무가 있으니, 그 추세는 점점 성장하고 높아지기 마련이다.

'점'漸은 물이 천천히 스며듦을 가리키므로 점진을 의미한다.

또한 하괘 '간'은 멈춤, 상괘 '손'은 순종이라서, 유순히 멈추었다 나아가므로 점진의 의미를 지닌다.

艮 (멈춤)   巽 (순종)

주역 64괘   205

딸이 시집갈 때는 결혼에 필요한 일정한 과정을 거쳐야 하므로 당연히 점진적이다.

그러나 다른 괘의 전진 방식과 달리 딸이 시집갈 때처럼 점진적이어야 한다.

점괘는 육이에서 구오까지 모든 효가 정正을 얻고 있기 때문에, 결혼하는 여성의 품행이 바름을 상징한다.

하지만 정도를 지켜야 순조로울 수 있음을 유의해야 한다.

전진에는 귀착점이 있기 마련이므로 다음은 귀매괘歸妹卦예요.

歸妹귀매

震上
兌下

결혼

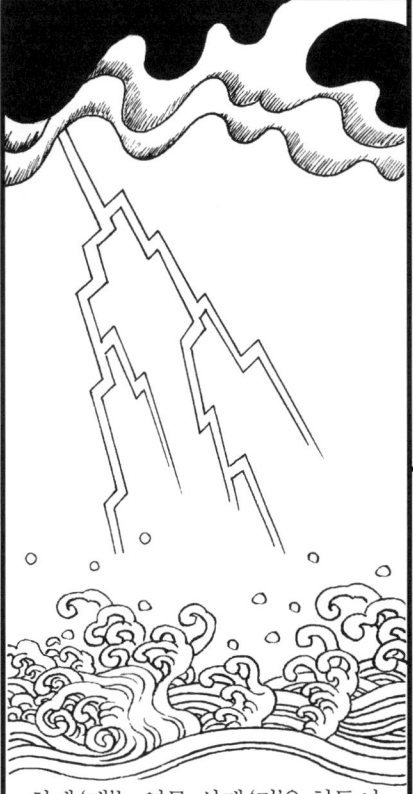

하괘 '태'는 연못, 상괘 '진'은 천둥이다. 아래쪽 연못 물이 천둥소리에 흔들리는 형상으로 부창부수夫唱婦隨를 상징한다.

'귀'歸는 원래 부인이 남편 집에 머무르는 것, 곧 출가를 의미한다. 정착이라는 뜻도 있다.

하괘 '태'는 막내딸, 상괘 '진'은 맏아들이다. 막내딸과 맏아들의 결합이라서 귀매歸妹라고 하는데, 결혼을 뜻한다.

혼인은 천지간의 정당한 일로 하늘과 땅이 교합하지 않으면 만물은 존재하지 않고, 남녀가 결혼하지 않으면 자손이 번성할 수 없다. 결혼은 인륜의 귀결이자 시작이다.

그러나 하괘 '태'가 기쁨, 상괘 '진'이 움직임이라서 막내딸이 기쁨에 넘쳐 맏아들을 원하는 것이니 전통 예교에는 어긋난다.

정착할 곳이 좋으면 강대해진다. 그래서 다음 괘는 풍괘豐인데, '풍'豐은 성대하다는 뜻이다.

六五
음효양위
陰爻陽位

九二
양효음위
陽爻陰位

또 구이와 육오가 모두 정正을 얻지 못했으므로 전진하면 위험하고 이로울 게 없다.

豊 풍

풍괘의 괘사: 豊풍. 亨형. 王假之왕격지. 勿憂물우. 宜日中의일중.

震 上
離 下

성대盛大

'풍'豊은 본래 굽다리접시에 많은 음식을 담은 모양으로 성대하다는 의미다.

또한 하괘 '이'는 광명, 상괘 '진'은 움직임이라서 밝고 활기가 있으니, 이 역시 성대함을 뜻한다.

상괘 '진'은 천둥, 하괘 '이'는 번개다. 천둥과 번개가 교차하니 기세가 성대해 '풍'豊이라고 명명하였다.

주역 64괘   209

旅여

여괘의 괘사: 小亨소형, 旅貞吉여정길.

離 上
艮 下

유랑·좌절

하괘 '간'은 산, 상괘 '이'는 불이다. 산 위에서 불이 일어 길 가는 사람이 서두르는 모습을 상징하므로 '여'旅라고 이름붙였다.

'여'旅는 오랫동안의 타향살이를 가리킨다.

여행은 불안정한 행위로 고대에는 부득이한 경우에나 하는 일이었다.

더욱이 여행 중에는 생활이 불안정하고 고립무원 상태에서 보살핌이 부족하므로 크게 형통할 수 없다.

주역 64괘 211

내괘 육이와 외괘 육오가 같은 성질로 서로 배척하므로 큰 성과를 내기 어렵다. 다만 육오가 외괘의 중(中)을 얻어 두 양효를 통솔함으로써 유순 중용한 덕을 갖추었기에 작은 형통은 가능하다.

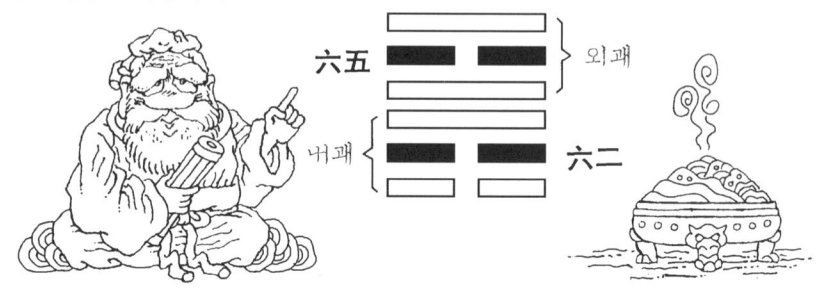

또한 내괘 '간'은 멈춤, 외괘 '이'는 밝음과 부접으로, 힘든 여정에서도 정도를 지키면 길할 수 있음을 상징한다.

여행에서 몸둘 곳을 찾지 못하면 어떻게든 방법을 찾아야 하므로 손괘(巽卦)가 뒤를 잇는다. '손'(巽)은 진입을 의미한다.

巽손

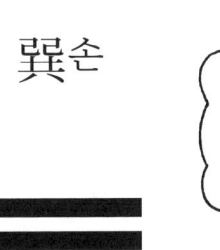

巽 上
巽 下

손괘의 괘사: 巽손, 小亨소형, 利有攸往이유유왕, 利見大人이견대인.

겸손·진입

손괘의 괘형은 바람이 잇따라 불어오는 형상인데, 바람은 틈만 있으면 파고들어 대지를 불어 날려버린다. 군자는 자신의 품행을 완전한 것으로 만들어 백성들이 바람에 흔들리는 풀처럼 감화되게 해야 한다.

'손'巽의 본뜻은 상 위에 놓인 물건이다. 아울러 동음자인 손遜의 의미인 겸손을 뜻한다.

손괘는 두 양효 아래 하나의 음효가 자리해 복종, 순종을 상징한다. 순종하면 쉽게 받아들여지고 사람들의 마음속에 자리하게 된다.

마찬가지로 자연의 섭리에 순응하면 사물의 안으로 들어가기 쉬우므로 진입이라는 의미를 지닌다.

손괘는 음괘로 초육^{初六}의 음효가 주효다. 음^陰은 부드럽게 움직이므로 작은 형통만 가능하다.

음^陰이 양^陽에 순종하는 것은 자연의 이치이므로 전진하면 이롭다.

순종하더라도 대상을 잘 선택해야 하고, 맹종해서는 안된다. 위대한 인물에게 순종해야 이롭다.

진입해 나아가면 기쁜 일이기 때문에 다음에는 태괘^{兌卦}가 이어진다.

兌 태

태괘의 괘사: 兌태, 亨형, 利貞이정.

兌 上
兌 下

기쁨·희열

상하 양괘 모두 '태'로, 두 연못 사이를 물이 흐르면서 서로를 윤택하게 해주는 형상이다. 군자는 이런 정신을 본받아 서로 교류하면서 이익을 증진해야 한다.

'태'兌의 본뜻이 이야기와 웃음이어서 태괘 역시 말과 기쁨이라는 의미를 지니고 있다.

태괘는 ☱의 하류를 막고 물을 모아서 연못을 만든 모습이다. 못 속의 물은 만물을 촉촉이 적셔 기쁨을 준다.

괘형을 보면 태괘의 내외 양괘 모두 강효(剛爻)는 중(中)을 얻고, 유효(柔爻)는 바깥쪽에 위치한다.

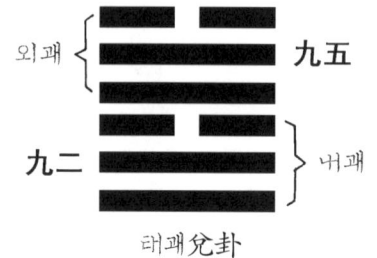

이런 외유내강 형상이 중용의 도에 부합함은 물론 사람들을 기쁘게 한다.

옳고 그름을 가리지 않고 덮어놓고 사람을 기쁘게 해서는 안된다. 동기가 순수하고 정도를 지키면서 기쁘게 해야 이롭다.

기쁨은 사람의 마음을 상쾌하게 해주고 우울함을 떨칠 수 있게 한다. 그래서 다음 괘는 환괘(渙卦)인데, '환(渙)'은 발산을 의미한다.

渙 환

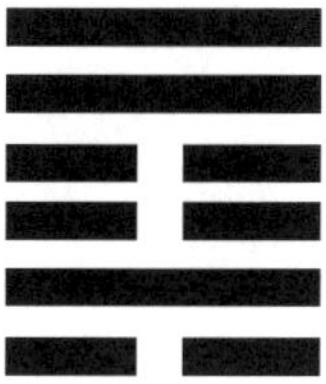

> 환괘의 괘사: 渙환, 亨형, 王假有廟왕격유묘, 利涉大川이섭대천, 利貞이정.

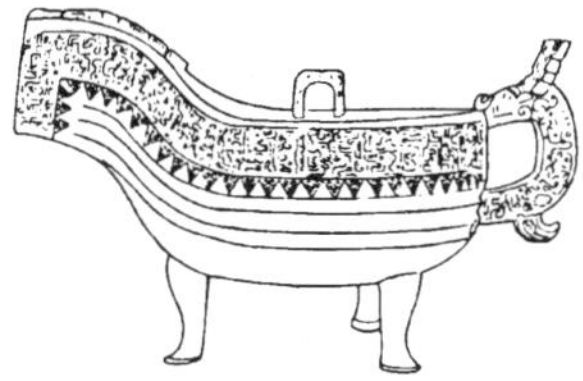

☴ 巽 上
☵ 坎 下

발산 發散

환괘의 상괘 '손'은 바람, 하괘 '감'은 물이다. 바람이 수면 위에서 불어 파도를 일으키기 때문에 '환渙'이라고 명명하였다.

환괘가 형통함은 구이의 강효가 중中을 얻고 육삼과 육사 두 개의 음효가 일심동체이기 때문이다.

백성이 뿔뿔이 흩어지면 군주는 지극정성의 마음으로 종묘에 나아가 신의 가호를 빌어야 한다.

주역 64괘   217

백성은 군왕의 정성에 감화되어 다시 모여든다.

다시 뭉치면 큰 강을 건너는 것 같은 위험도 감수할 수 있다. 상실한 것을 만회할 수 있다는 의미다.

또한 상괘가 나무, 하괘가 물이라서 나무 배가 물 위를 달리는 형상이다. 도하渡河의 이로움을 상징하는데, 반드시 정도를 지켜야 한다.

만물은 극에 이르면 돌아오기 마련이고, 시종 흩어져 있을 수 없으므로, 다음 괘는 절괘節卦이다. 대나무 마디인 '절'節은 '멈춤'을 의미하는데, 절제, 절약, 지조 등 암시하는 모든 대상 속에도 '멈춤'의 의미가 들어 있다.

節절

절괘의 괘사: 節절, 亨형,
苦節不可貞고절불가정.

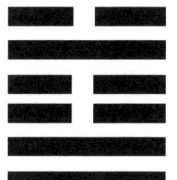

坎上
兌下

절제·절약

상괘 '감'은 물, 하괘 '태'는 연못이다. 물이 연못 속에 드는 형상이라서 그 자체로 절제 작용을 한다.

절괘는 음양이 반반이고, 위아래 괘 모두 양효가 중(中)을 얻었다. 괘의 모양이 좋기 때문에 형통할 수 있다.

그러나 물이 차면 넘치듯이 지나친 절제는 바람직하지 않다.

주역 64괘

또한 하괘 '태'는 기쁨, 상괘 '감'은 위험을 상징하는데, 목표가 눈에 들어오면 무모한 돌진을 피할 수 없다.

그러나 위험이 닥치면 멈추기 때문에 기쁨과 위험은 절제의 표지다.

구오는 정당한 군왕의 자리에서 천하를 절제할 뿐 아니라 중정中正의 덕행을 갖추었으므로 전혀 막힘이 없다. 천지는 절제로 인해 사계절의 규칙이 서고 순환이 이루어진다.

성현은 자연을 본받아 법규로 규제하고 낭비를 삼감으로써 인민을 곤궁에 빠뜨리지 않는 효과를 거두었다.

절제는 사람을 마음으로 복종시킨다. 다음은 중부괘中孚卦인데, '부孚'는 믿고 복종한다는 뜻이다.

中孚 중부

巽 上
兌 下

중부괘의 괘사: 中孚중부, 豚魚吉돈어길, 利涉大川이섭대천, 利貞이정.

성실·신용

중부괘의 상괘 '손'은 바람, 하괘 '태'는 연못이다. 연못 위로 바람이 불면 물은 겸허히 받음으로써 어디에든 이를 수 있다. 마음의 성의가 널리 영향을 끼칠 수 있음을 상징한다.

'부'孚의 본뜻은 '부'孵로, 알이 부화하는 시간은 당기거나 늘일 수 없으므로 신용을 지켜야 한다는 의미다. 교화라는 의미도 있다.

중부괘의 가운데를 차지한 두 음효는 중심의 공허, 곧 허심虛心을 의미한다.

상하 양괘의 중효는 모두 양효이다. 중심이 충실해 서로에게 성실함을 상징한다.

성실의 미덕이 갖추어지면 평민이 제사를 지낼 때 돼지고기나 물고기를 바쳐도 조상이 받아들인다.

괘형은 바깥이 실하고 안쪽이 허한 배의 형상이다. '손'은 나무, '태'는 연못으로 나무가 물 위에 있으니, 또한 배를 상징한다.

'큰 내를 건너기에 이롭다'는 말은 성심을 다하면 적극 진취적일 수 있다는 비유죠.

당연히 정도를 지켜야 한다는 전제가 필수다.

신용있는 사람은 기필코 약속을 이행하므로, 다음에는 소과괘小過卦가 이어진다.

'소과'小過는 조금 지나치다는 의미지.

小過 소과

소과괘의 괘사: 亨형, 利貞이정, 可小事가소사, 不可大事불가대사. 飛鳥遺之音비조유지음, 不宜上宜下불의상의하, 大吉대길.

震상
艮하

조금 지나침

하괘 '간'은 산, 상괘 '진'은 천둥이다. 천둥이 산 위에 있으니 소리가 조금 작게 들린다. 그래서 조금 지나치다는 의미가 생겼다.

이 괘는 음효가 넷, 양효가 둘이라서 음이 과도하다. 또한 양은 대大, 음은 소小이므로 소과小過라고 한다.

지나침 자체는 형통할 수 있다 해도 음효이기 때문에 정도를 더욱 잘 지켜야 한다.

작은 일은 물론 큰 일도 지나치면 안돼.

괘의 가운데 두 양효는 새의 몸체, 위아래의 음효는 날개로, 날아가는 새의 모습과 비슷하다. 하지만 부화중인 '중부괘'와는 달리 새는 이미 부화한 상태다.

소과괘小過卦

괘형은 새가 공중을 날아도 슬픈 울음소리만 남김을 상징한다. 높이 올라가서는 안 되고, 아래를 향해 날아야 의탁할 곳을 찾고 이롭다.

상괘 '진'은 움직임으로 아래를 향하고 하괘 '간'은 멈춤이라서, 아래를 향해야 길해.

상승하려는 행위가 막히면 구체적인 사업 수행에 더욱 만전을 기하라는 가르침이다.

통상적인 일을 초월해야 대업을 이룰 수 있으므로 다음 괘는 기제괘既濟卦예요.

既濟 기제

기제괘의 괘사: 既濟기제, 亨형, 小利貞소리정, 初吉終亂초길종란.

坎 上
離 下

완성

하괘 '이'는 불, 상괘 '감'은 물이다. 불과 물을 갖추고 있어 요리가 이미 완성되었음을 상징한다. 동시에 물이 불 위에 있으므로 불이 꺼질 위험도 있다.

모든 양효는 홀수 위치, 음효는 짝수 위치에 자리한다. 전부가 정正을 얻은 완전한 모습으로 성공을 상징한다.

강을 건넌다는 '제'濟는 이룬다는 의미도 갖고 있다. '기제'既濟는 이미 이룬 상태로, 모든 것을 초월하면 반드시 성공한다.

자연의 조화는 음양이 복잡하게 얽혀 있어야 변화가 생기고 생장 번성이 끊이지 않는다. 너무 완벽하면 경직되어 생기를 잃는다. 이 괘의 형상은 더 이상 할 수 있는 게 없어 작은 일이라야 겨우 형통할 수 있음을 의미한다.

성공이 찾아오면 극도의 흥분 속에서 모든 것이 상서로워 보인다.

그러나 사물은 극에 이르면 반드시 되돌아간다. 나태와 혼란에 빠지기 쉬워 사업을 유지하기 어렵다.

만물이 언제까지나 완벽할 수는 없으므로 다음 괘는 미제괘未濟卦이다.《주역》64괘는 미제괘로 끝나는데, 대자연의 순환이 그침이 없고 인간사회가 무한함을 상징한다.

未濟 미제

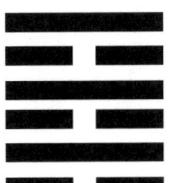

離 上
坎 下

미제괘의 괘사: 未濟미제, 亨형. 小狐汔濟소호흘제, 濡其尾유기미, 無攸利무유리.

미완성

미제괘의 상괘 '이'는 불, 하괘 '감'은 물이다. 불은 위를 향해 타고, 물은 아래로 흐른다. 서로 반대방향을 향하고 있어 미완성을 상징한다.

군자는 이러한 사물의 본질을 파악해 모두가 본분을 다하도록 해야 해요.

그러나 불과 물의 방향이 고유의 속성을 거스르지 않았으므로 의연히 형통한 모습이다.

화성火性 상승   수성水性 하강

상괘 '이'의 육오 역시 중용을 지키고 있기 때문에 형통을 나타낸다.

한의학과 주역은 한뿌리

한의학과 주역은 한뿌리

음陰 속에 양陽이 있고, 양 속에 음이 있어, 서로 분할 침투한다. 이 단순한 도형이 사람들에게 거대한 정보를 제공한다. 《주역》이 창안한 대립물의 통일 학설을 응용해 우주만물의 변화발전법칙을 사고하는 것은 동양 전통철학의 중요한 내용이자, 한의학과 그 양생학의 이론적 토대이다.

《황제내경》黃帝內經은《주역》과 거의 같은 시기에 성립된 의학서이다. 논리적이고 짜임새 있는 구성으로 천문, 역법, 지리, 음률 등을 두루 망라하고 있을 뿐 아니라, 의학적 이론과 실천을 논하는 과정에서《주역》의 철학사상을 한층 풍부하고 완벽하게 만든 책이다. 방법론적 의의에서 동양 전통과학의 원전이라고 할 수 있다.

> 후세사람들이 심신을 양생해 《주역》을 형상적으로 이해하는 데 필요한 가교 역할을 하고 있지.

黃帝內經

세계 각 민족은 석기시대에 이별을 고하고, 인류문명의 큰 길을 향해 매진하게 되었다. 모두들 대자연의 굴레에서 벗어나고자 할 때 우리 조상들은 오히려 자연과의 결합을 위해 노력했다. 《주역》과 한의학 양생학은 이런 천인합일의 배경에서 탄생하였다.

《주역》의 세계관에 따르면 자연은 광대무변하며, 그 흥망성쇠의 기능은 사람의 힘으로 대체할 수 없다. 인류는 자연의 한 분자로서 그 같은 정신을 본받아야 한다.

방법론적으로 말하자면 《주역》은 규표圭表를 지렛목 삼아 시간과 공간으로 만물과 만사를 그 기능(비구조)에 맞게 통합하는 논리체계다.

한의학과 주역은 한뿌리 231

《주역》의 철학적 안내에 따라 옛사람들은 내외부의 상응과 유유상종의 원칙, 이에 근거한 분석과 판단, 인체 외부에서 내부 기능 관찰, 그리고 형상을 비교 분류하는 사유방법을 통해 일찍이 인간 생명활동의 비밀을 탐구하였다.

만물은 시간과 공간의 속성을 지니며, 그 법칙에 따라 쉼없이 운행하는 것이야.

한의학의 정체론整體論은 인간은 유기적 존재로 작은 움직임이 온 몸에 미치고, 각 장기 기능의 강약이 인체의 생명에 영향을 끼친다는 개념 위에 서 있다.

사람은 대자연의 산물이므로 환경과 관련이 밀접하지.

생명이란 인체내 음양陰陽 두 기운의 조화로운 순환인데, 그 순환이 파괴되면 질병이 발생한다.

인체는 소우주, 천지는 거대한 인체

'낙서'洛書 구궁九宮의 이 숫자 조합방식, 즉《황제내경》의 '오행五行은 삼양삼음三陽三陰과 호응한다'는 원리는 사람과 자연이 상응함을 나타내는 이론모형이다.

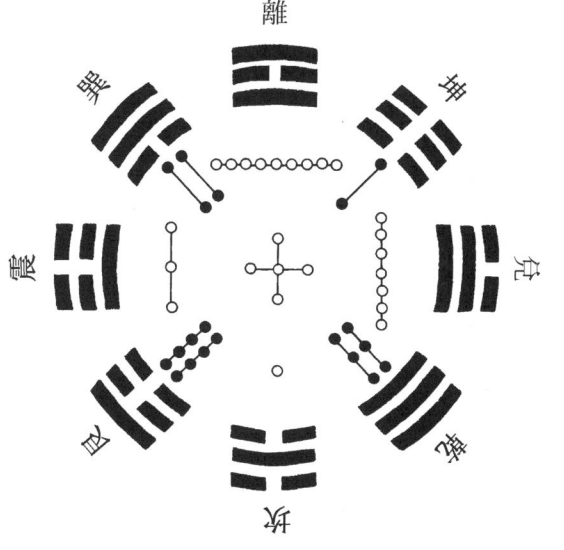

낙서구궁도洛書九宮圖

후천팔괘·낙서결합도

한의학은 인체의 상하좌우가 동등한 관계 속에서 조화를 이루는 균형체계임을 설명하는데, 이런 상태가 깨지면 질병으로 이어진다. 치료는 몸 위쪽의 병증은 아래쪽, 아래쪽 병증은 위쪽, 왼쪽 병증은 오른쪽, 오른쪽 병증은 왼쪽 부위를 다스리는 방법으로 몸의 평형을 회복하도록 한다.

> 약을 처방할 때는 방위와 시간을 고려하는데, 한기는 겨울과 북쪽, 열기는 여름과 남쪽, 온기는 봄과 동쪽, 서늘한 기의 약은 가을과 서쪽에 속해. 그 다음에 맛과 기타 속성을 배합에 차가운 병은 열이 나게, 열이 나는 병은 차갑게 해주는 약을 사용해 인체의 음양이 균형에 도달하도록 하지.

한의학과 주역은 한뿌리 233

구궁九宮을 아래 그림처럼 겹쳐 배치한 다음 가로, 세로의 각 줄과 대각선상의 숫자를 합하면 각각 225로 15의 제곱이다. 숫자 전체의 합은 2025가 되어 정확히 낙서洛書 소연수小衍數 45의 제곱이다.

낙서 구궁의 수

4	9	2
3	5	7
8	1	6

4+9+2=15
3+5+7=15
8+1+6=15
2+5+8=15
4+5+6=15

구궁의 어느 부분에도 전체적인 특징이 내포되어 있다고 할 수 있다. 고로 낙서는 '인체는 소우주, 천지는 거대한 인체'라는 우주의 홀로그램적 현상을 보여주는 숫자 모형으로 간주된다.

하도의 수와 오장의 보사補瀉 원칙

역학 이론은 괘, 효의 형상을 중심에 두되 상수합일의 원칙 아래 운용되는 수학 모델로, 그밖의 추론 기능을 통해 함의를 발휘한다. 《황제내경》이 '모자람은 생수, 넘침은 성수'라는 법칙으로 자연계 생장쇠락의 원리를 귀납하듯이, 생수는 만물의 발생, 성수는 만물의 형성을 상징한다. 이 같은 생성과 어울림은 음양이 교합해 만물을 형성함을 설명해준다.

오장	오행	생수	성수	9, 5 만들기	가감 비례	오장의 허실과 보사補瀉 원칙
간장	목木	3	8	(8)+1=9 (8)-3=5	조금 + 많이 -	간은 약한 보補는 안됨. 《의종필독》: 신장을 보함은 간장을 보하는 것임.
심장	화火	2	7	(7)+2=9 (7)-2=5	같이 + -	물과 불이 조화롭고 심장과 신장이 통함. 《신농본초백종록》: 황련은 심장의 울화를 사하고 보함.
비장	토土	5	5	(5)+4=9 (5)-0=5	+ (- 0)	비장은 기를 끌어올려 버리지 않음.
폐장	금金	4	9	(9)+0=9 (9)-4=5	- (+ 0)	폐장은 기를 아래로 내려 올리지 않음.
신장	수水	1	6	(6)+3=9 (6)-1=5	많이 - 조금 +	신장은 약한 사瀉는 안됨. 《의종필독》: 간장을 사함은 신장을 사하는 것임.

옛사람들은 5를 1부터 9까지 수의 중화수로 삼고, 음양의 수에 맞는 평형점, 하나의 참조수로 여겼다. 또한 9를 가장 높은 마지막 수로 여겨 황종수黃鐘數라고 일컬었다. 《황제내경》은 오장육부의 생수와 성수에 근거해 9와 5가 되도록 가감하면 오장육부의 어디가 허하고 실한지, 원기를 돕는 치료법(補)과 나쁜 기운을 내보내는 치료법(瀉) 가운데 무엇을 택할지 추론할 수 있게 한다.

《주역》에 따르면 인체는 우주의 축소판이자 상대적으로 독립되어 있는 인체의 각 부분도 천지의 축소판이다. 동시에 각 태극 사이에는 음양이기가 관련되어 있다.

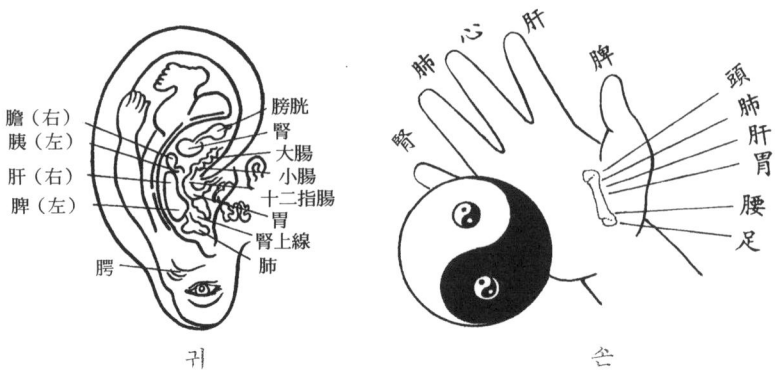

귀 　　　 손

사람의 몸에는 태극이 있으니, 두 개의 신장이 곧 태극이다. 왼쪽은 음, 오른쪽은 양으로 등뼈를 두고 마주한 모습이 태극도를 닮았다.

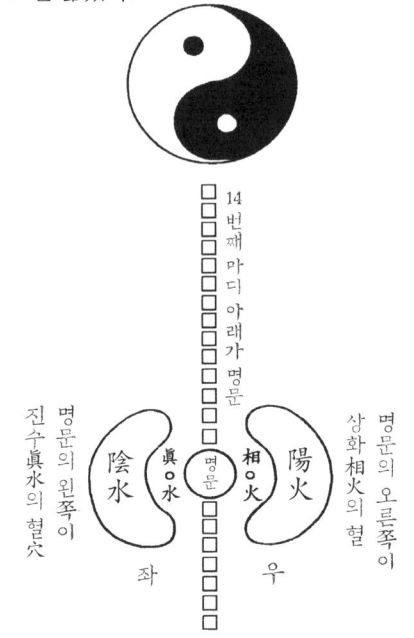

일수일화一水一火로 둘 모두 형체가 없고 밤낮으로 끊임없이 잠행한다. 아래쪽에서 7번째 마디다.

신장의 수화水火 명문命門이 인체의 태극이라는 것은 신장과 명문이 사람 생명의 근원임을 의미한다.

기제괘旣濟卦

서로 관련이 있는 우주 속의 어떠한 사물과 현상도 음양관계를 이용해 확대 개괄하면, 기氣와 형形, 추위와 더위, 남자와 여자처럼 대립과 통일 속에서 서로 제약하고 상호 전화하는 것이 본질임을 알 수 있다.

인체에 적용하면 등은 양陽, 배는 음陰이고, 체표体表는 양, 내장은 음이다.

내장은 다시 음양으로 나뉘는데, 육부는 양, 오장은 음이다.

한의학의 오장육부는 형상과 구조가 아니라 주로 그 기능을 가리키는 것임을 주의하세요.

그렇기 때문에 한의학 의료과정은 바로 음양을 조절하여 음평양밀陰平陽密의 균형상태를 찾아가는 것이다.

하도河圖　　　　　　낙서洛書

분류 \ 내용	장상오행 臟象五行	간상목 肝象木	심상화 心象火	비상토 脾象土	폐상금 肺象金	신상수 腎象水
천상 天象	방위	동	남	중	서	북
	계절	봄	여름	장하長夏	가을	겨울
	기후	바람	더위	습기	건조	추위
	성수星宿	목성	화성	토성	금성	수성
지상 地象	오충五蟲	모충毛蟲	우충羽蟲	나충倮蟲	개충介蟲	인충鱗蟲
	오축五畜	닭	양	소	말	돼지
	오곡	맥麥	서黍	직稷	곡穀	두豆
	오과五果	오얏	살구	대추	복숭아	밤
	오색	청	적	황	백	흑
	오미五味	신맛	쓴맛	단맛	매운맛	짠맛
	오취五臭	누린내	탄내	향내	비린내	썩은내
인사 人事	오장五臟	간장	심장	비장	폐장	신장
	오장五藏	혈麥	맥脈	영營	기氣	정精
	맥상脈象	현弦	구鉤	대代	모毛	석石
	오음五音	각角	치徵	궁宮	상商	우羽
	오관五官	눈	혀	입	코	귀
	오체五體	근육	맥박	살	피부/털	뼈
	오액五液	눈물	땀	침	콧물	가래
	칠정七情	분노/놀람	기쁨	생각	슬픔/우울	두려움
	오성五聲	부름	웃음	노래	통곡	신음
	육자六字	허噓	가呵/희嘻	호呼	희呬	취吹
	오성五性	아雅	급急	직直	강剛	은隱
	오사五事	공恭	명명	예叡	종從	총聰
	십이관十二官	모려謀慮	신명神明	지주智周	치절治節	기교伎巧
		장군	군주	간의諫議	상전相傳	작강作强

《황제내경》은 음양의 기초 위에서 우주의 만사만물을 기능, 시간, 공간에 따라 오행 생극의 원리 속에 분류 귀납함으로써, 인체의 생명 메커니즘을 밝혀내고 있다.

《주역》과 운기설

운기運氣는 오운육기五運六氣의 약칭이다. 자연의 변화법칙이 사람과 생물에 미치는 영향을 연구하는 한의학의 중요한 이론이다. 오행五行, 육기六氣, 삼음삼양三陰三陽 등의 이론을 바탕 삼고, 천간天干, 지지地支 등을 연역도구 삼아, 기후변화와 질병유행의 관계를 추론한다.

오운은 목, 화, 토, 금, 수 오행五行 오방五方 기의 운행을 가리키는데, 기후변화를 일으키는 대지의 요소를 설명하는 데 쓰인다. 즉, 동, 남, 중, 서, 북에서 오는 5 가지 기류운동이다.

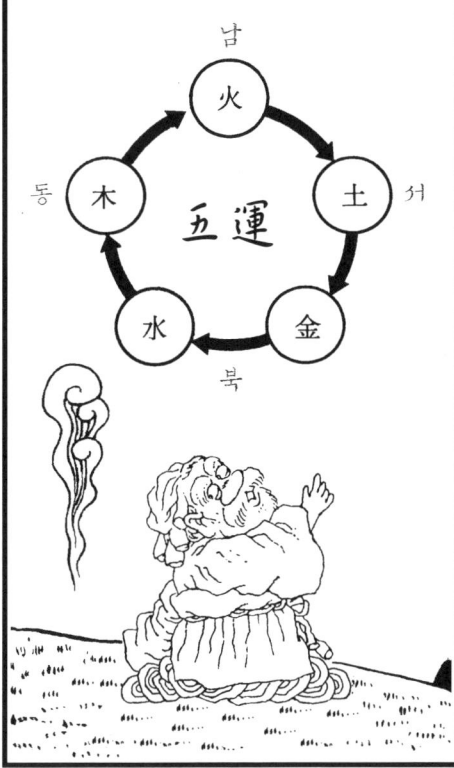

육기는 풍風, 한寒, 서暑, 습濕, 조燥, 화火의 여섯 가지 기후변화 요소로, 서暑와 화火의 성질이 모두 열熱이라서 실제는 풍, 열, 습, 조, 한의 오기이다. 운기학설에서는 육기가 삼음삼양에서 발생한 까닭에 풍風, 군화君火, 상화相火, 습濕, 조燥, 한寒을 가리킨다.

운기론은 음양의 변화가 자연계의 객관법칙이자 우주만물의 강령이며, 하늘에서는 무형의 육기, 땅에서는 유형의 다섯 물질이라고 인식한다. 한, 서, 조, 습, 풍, 화는 하늘의 음양으로 삼음삼양과 상응하고, 오운은 땅의 음양으로 생장화수장生長化收藏에 상응한다. 하늘에서는 바람, 열기, 습기, 건조로 나타나고, 땅에서는 나무, 불, 흙, 금이 된다.

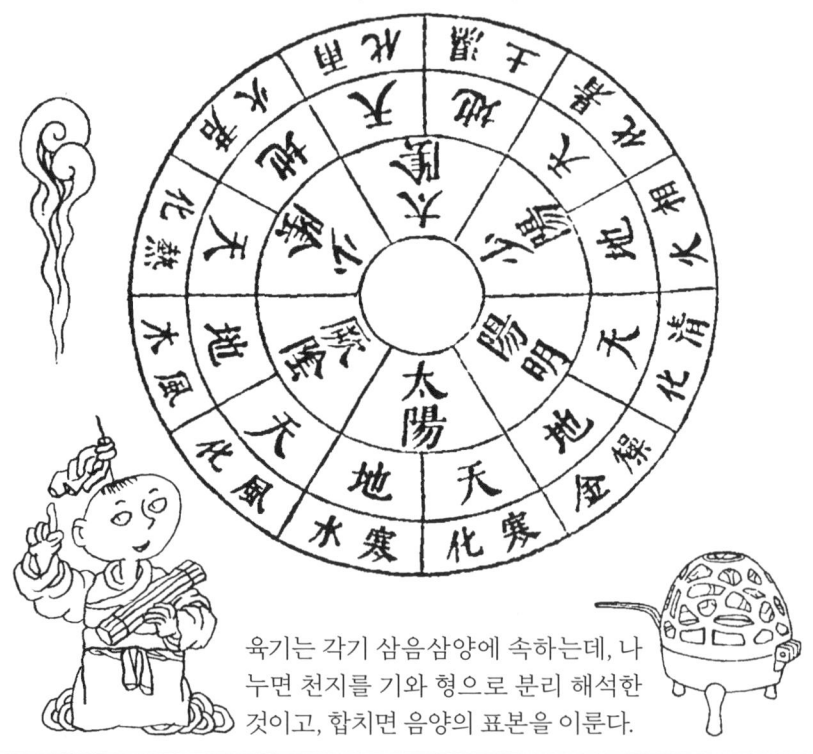

천지육기도天地六氣圖

육기는 각기 삼음삼양에 속하는데, 나누면 천지를 기와 형으로 분리 해석한 것이고, 합치면 음양의 표본을 이룬다.

육기의 운행 변화는 사계절의 주기主氣에 따른다. 봄은 목木에 속해 바람, 초여름의 군화君火는 열熱, 한여름의 상화相火는 더위, 토土에 속하는 장하는 습, 가을은 금金에 속해 건조, 겨울은 수水에 속해 춥다. 이것이 육기의 법칙이다.

《황제내경》을 보면 옛사람들은 기능적 관점에서 대지는 태공太空의 한가운데, 인간의 아래 위치해야 한다고 생각했다. 대지가 추락하지 않는 것은 대기가 받쳐 올리고 있기 때문이다.

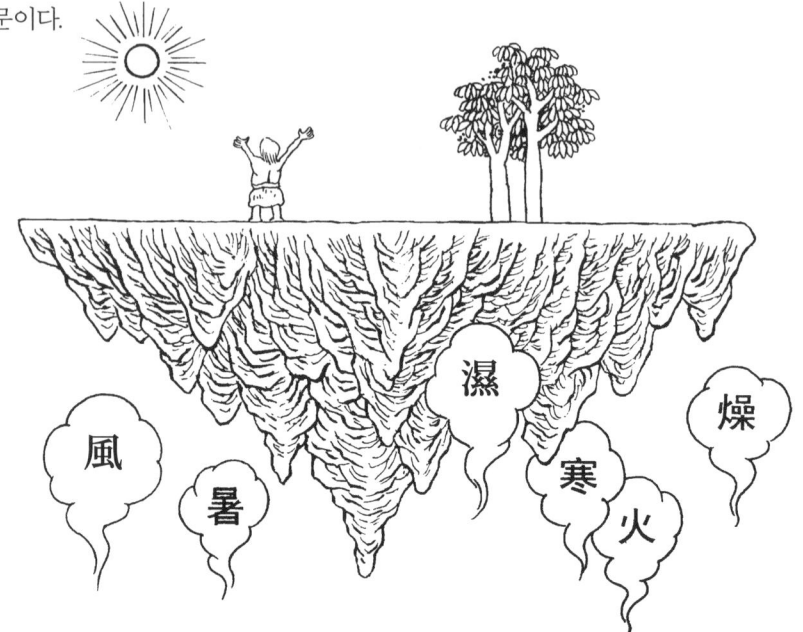

조기燥氣는 대기를 건조시키고, 서기暑氣는 증발시키고, 풍기風氣는 움직이게 하고, 습기濕氣는 윤택하게 하고, 한기寒氣는 응고시키고, 화기火氣는 따뜻하게 해준다. 뜨거운 기운은 위, 풍기와 한기는 아래, 습기는 중앙에 자리하고, 화기는 다른 기 사이를 떠돈다.

《황제내경》에서 황제黃帝와 기백岐伯은 오운, 육기의 변화운동법칙과 그것이 인체와 만물에 미치는 영향을 논하였다.

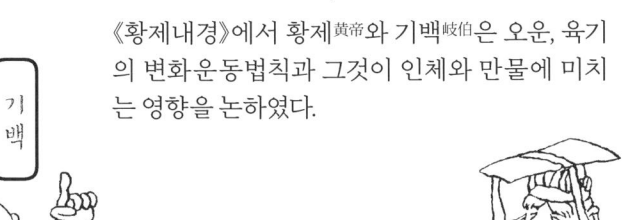

봄과 상응하는 동쪽은 양기가 상승하기 시작하고 풍기風氣가 발동하는 곳이다. 풍기는 초목을 자라게 한다.

목기木氣에서는 신맛이 생긴다. 신맛은 간장을 보양하고, 간장의 기혈은 근육에 영양을 공급한다.

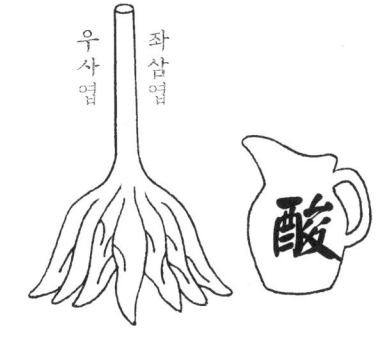

오행 중 목木에서 화火가 생기는데, 화는 심장에 속해 심화心火가 생길 수 있다.

한의학과 주역은 한뿌리　243

그 변화의 결과 초목이 무성해지고, 유모류 동물이 번식하게 된다. 파종의 시기이고 온난하다.

풍목風木의 기가 정상이 아니면 만물이 손상될 수 있다. 초목이 부러지고 말라죽는 재해가 발생한다.

그 맛은 신맛이고, 정서적으로 분노에 속한다. 분노가 지나치면 간장을 상하는데, 비애의 정서로 다스릴 수 있다. 풍기가 간장을 상하게 하지만, 조기燥氣로 극복할 수 있다.

신맛이 지나치면 근육을 상하는데, 매운맛으로 신맛을 억제할 수 있다.

몹시 더운 남쪽은 여름에 상응한다. 양기가 왕성해서 열기를 낳고, 열기는 땅속의 화火를 자라게 하는데, 화기火氣는 쓴맛을 낳을 수 있다.

쓴맛은 심기心氣를 자양하고, 심기는 혈맥을 자양한다.

화火에서 토土가 생기는데, 비장은 토에 속하므로 혈맥이 조화로우면 비장이 왕성해지지.

화열火熱은 하늘에서는 육기 중의 열기, 땅에서는 오행 중의 화기火氣, 인간에게는 오체 중의 혈맥, 만물에서는 생장번성, 오장에서는 심장이다. 그 성질은 서열暑熱, 품덕品德은 광채찬란이다.

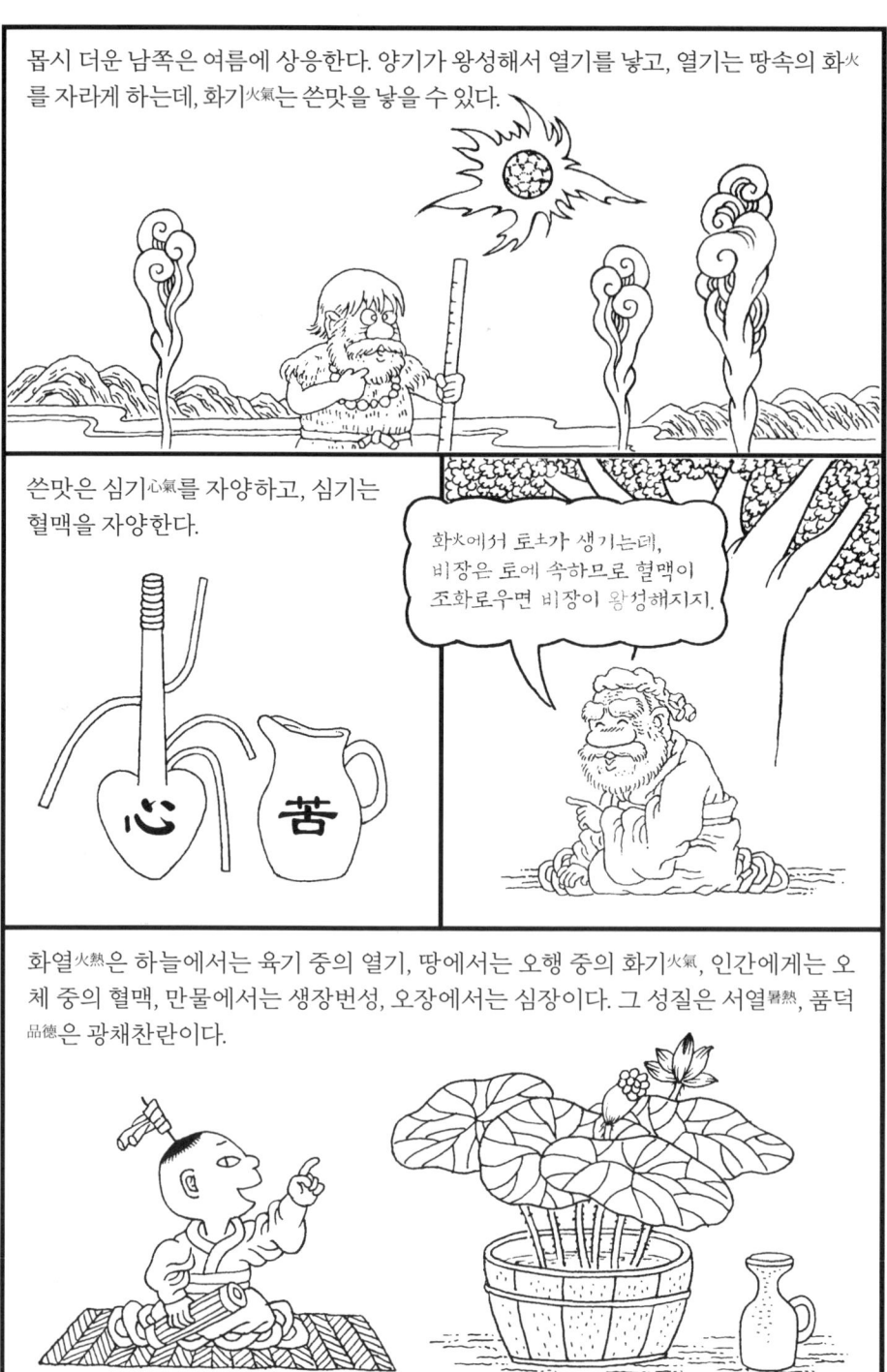

그 변화의 결과 큰 번성이 초래되므로 우모류 동물이 번식하게 된다. 찌는 듯한 무더위가 계절상의 특징이며, 화열火熱의 기에 이상이 생기면 만물이 불에 타듯이 바싹 마르는 재해가 발생한다.

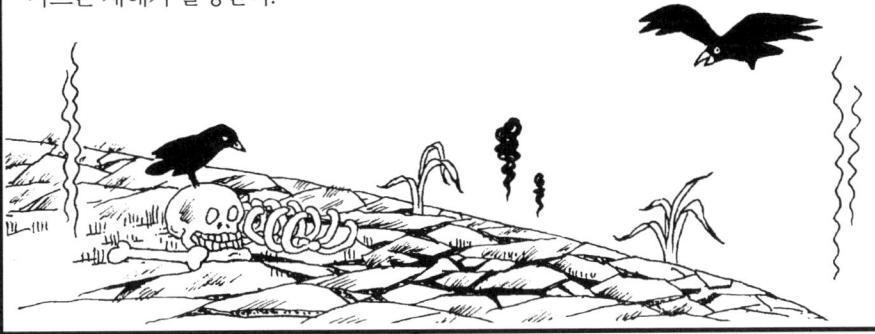

인간의 경우 침이 마르고 목마름 때문에 양기가 왕성해진다.

맛은 쓴맛, 정서적으로 희열에 속한다. 희열이 지나치면 심기가 상하지만, 두려운 마음으로 기쁨을 억제할 수 있다.

화열이 지나치면 심기가 상하는데 한기寒氣로 열기를 억제할 수 있고, 쓴맛이 지나치면 심기가 상하는데 짠맛으로 쓴맛을 억제할 수 있다.

중앙은 장하長夏와 상응해 비가 많이 내리는데, 습기가 땅의 토기土氣를 생장시키고, 토기는 단맛 나는 작물을 기른다. 단맛은 비기脾氣를 보양하고, 비기는 기육의 생장을 돕는다.

장하에는 두 가지 형식이 있는데, 이 책 309쪽의 설명을 참조하시오.

오행 중 토土에서 금金이 생기는데, 폐장이 금에 속하므로 기육이 풍만하면 폐기肺氣가 왕성해진다.

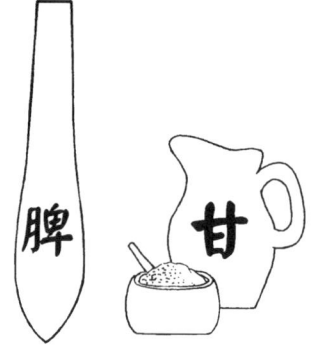

성질이 침착하고 평온해 만물을 허용하며, 그 품덕은 습윤이다. 조화로움을 잃지 않는 특징을 지니고, 색깔은 황색이다. 만물이 충만해지고, 나충류가 번식한다.

우리 인간은 나충류에 속해요!

습기는 하늘에서는 육기의 습濕, 땅에서는 오행의 토土이다. 인체의 기육으로서 형체를 만들어주며, 오장의 비장에 해당한다.

조용하고 평온한 역할을 하며, 기후적인 특징으로 비가 많이 내린다.

습토濕土의 기에 이상이 생기면 폭우나 장마, 강물의 범람 등 자연재해가 발생한다.

습토의 기는 맛에서는 단맛, 정서상으로는 사려思慮에 속한다. 사려가 지나치면 비장이 상하지만, 분노의 정서로 사려를 억제할 수 있다.

습기가 지나치면 기육이 손상되는데 풍기로 습기를 억제할 수 있고, 단맛이 지나치면 비장이 상하는데 신맛으로 단맛을 억제할 수 있다.

금기는 매운맛을 낳고, 매운맛은 폐기肺氣를 자양하며, 폐기는 피모皮毛를 자양한다.

금金은 수水에서 생긴다. 신장은 수에 속하므로, 피모가 윤택하면 신기腎氣가 왕성해진다.

조기燥氣는 하늘에서는 육기 중의 조기, 땅에서는 오행 중의 금기, 인간에게는 오체 중의 피모이다. 조금燥金의 기는 만물이 결실을 맺게 하고, 오장의 폐에 해당한다.

서늘하고 상쾌한 속성을 지니며, 품덕이 고요하고, 기능적으로 견고하다. 색깔은 백색, 변화의 결과 만물을 수렴한다.

그 작용은 강력하고 세차다. 안개와 이슬의 계절적 특징으로 인해 이상변화가 생기면 초목이 말라 죽는 숙살肅殺 현상이 나타난다.

맛은 매운맛, 정서적으로는 우수憂愁에 속한다. 우수가 지나치면 폐장이 상하는데, 희열의 정서로 우수를 억제할 수 있다.

열기가 지나치면 피모가 상하는데, 한기로 열기를 억제할 수 있다.

매운맛이 지나쳐도 피모가 손상되는데, 쓴맛으로 매운맛을 제약할 수 있다.

색깔은 검은색이고 성질은 적막 쓸쓸하다. 쌀쌀한 품덕에 만물을 생기 잃게 하고, 인충류를 번식시킨다.

맑고 청량한 작용을 하지만 계절적 특징은 한기에 의한 응결이다. 이상변화가 생기면 혹한이 닥치거나 때아닌 우박이 내린다.

한기는 짠맛과 정서상의 두려움에 속한다. 두려움이 지나치면 신장을 상할 수 있는데, 사려의 정서로 두려움을 억제할 수 있다.

한기가 지나치면 피가 손상될 수 있는데, 조열燥熱의 기로 한기를 억제할 수 있다.

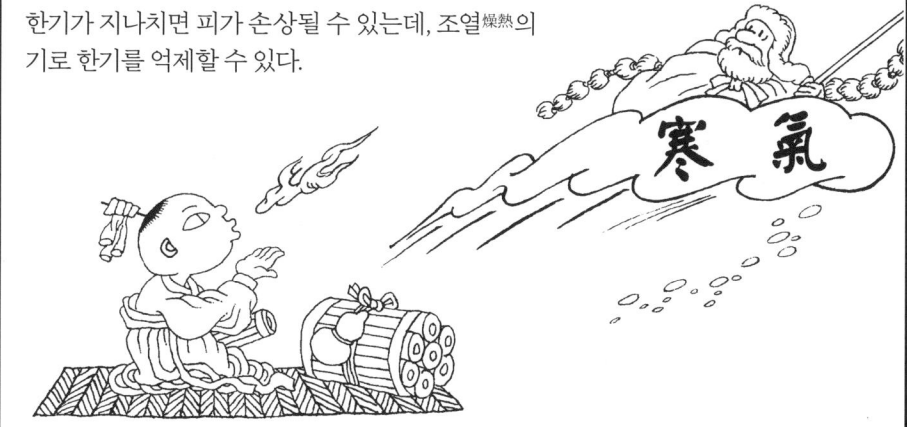

짠맛이 지나치면 피가 손상될 수 있는데, 단맛으로 짠맛을 억제할 수 있다.

오운五運이 거듭 교체되면서 선후 질서가 형성되는데, 계절에 어울리지 않는 오기五氣가 출현하면 사기邪氣에 해당하고, 오기와 계절이 부합하면 정상적인 기후다. 기와 계절이 맞으면 질병이 가볍고, 맞지 않으면 중병이 된다.

오운육기의 수리적 근거

오운육기는 하도河圖와 낙서洛書의 이치를 한의학 천인상응이론에 응용한 전형적인 예로서, 그 원리와 구조는 다음과 같아.

하도는 하늘의 법을 따른다. 그 수는 성수成數와 생수生數로 나뉘며, 수의 자리가 모두 10이라서 전수全數라고 한다. 생수가 중심인데, 성수를 포함한 10 이하의 수를 전부 더하면 55이다.

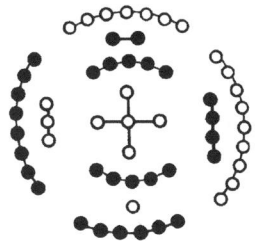

하도河圖의 수 55 (천수天數)

낙서는 땅의 법을 따른다. 그 수는 홀수와 짝수로 나뉘며, 수의 자리가 모두 9라서 변變이라고 한다. 사방 홀수가 네 모서리의 짝수를 통할하며, 9 이하의 수를 전부 더하면 45이다.

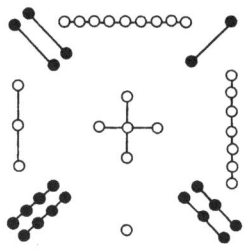

낙서洛書의 수 45 (지수地數)

천지天地의 수를 더하면 100, 곧 천지(음양)의 전수全數이다. 그래서 옛사람들은 누漏(물시계)의 백 각刻을 하루 밤낮으로 삼았다.

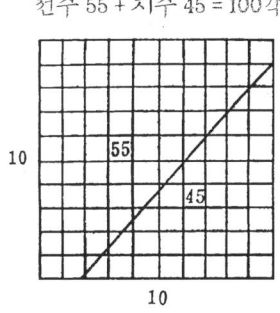

천수 55 + 지수 45 = 100각

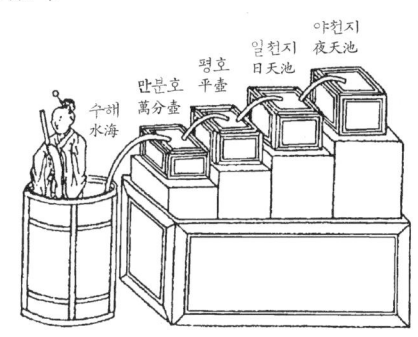

이로써 천지의 수는 비록 같지 않아도 그 이치가 상호보완적이며, 모두 5에서 생성된 것임을 깨달을 수 있다.

하도에 대해 말하자면 천수 25는 5×5, 지수 30은 6×5, '소연'小衍 10은 2×5, '대연'大衍 50은 10×5이므로, 5가 생수의 뿌리이지요.

또한 5는 1, 3, 7, 9 사이에 있으므로 하늘 한가운데 위치하는, 생수의 중심이다. 6은 2, 4, 8, 10 사이에 있으므로 땅의 한가운데 위치하는, 성수의 중심이다.

하도 외권外圈

낙서 내권內圈

이것이 바로 《황제내경》에서 말하는 "천기는 5를 순환의 규율로 삼고, 지기는 6을 순환의 법도로 삼는다"는 말의 근거이다. 아울러 5와 6은 만후萬候의 수로서 생물의 주기적 현상을 설명하는데는 물론 역법에 널리 응용되었다.

초봄에 피는 복숭아꽃 다섯 꽃잎은 하늘이 낳은 것이다.

한겨울 눈의 육각형 모양은 땅의 조화에서 비롯된다.

물후物候와 역법

물후物候 역법은 옛사람들이 초목과 조수鳥獸, 자연현상 등을 토대로 절기를 정하던 방법을 가리킨다. 그림 속의 십이소식괘는 한 달을 나타내는데, 각 괘를 구성하는 6효의 1효는 1후候, 곧 5일에 해당한다. 1년은 72후로 360일이다. 계산하기 쉽도록 옛사람들이 많이 사용한 간지법이다.

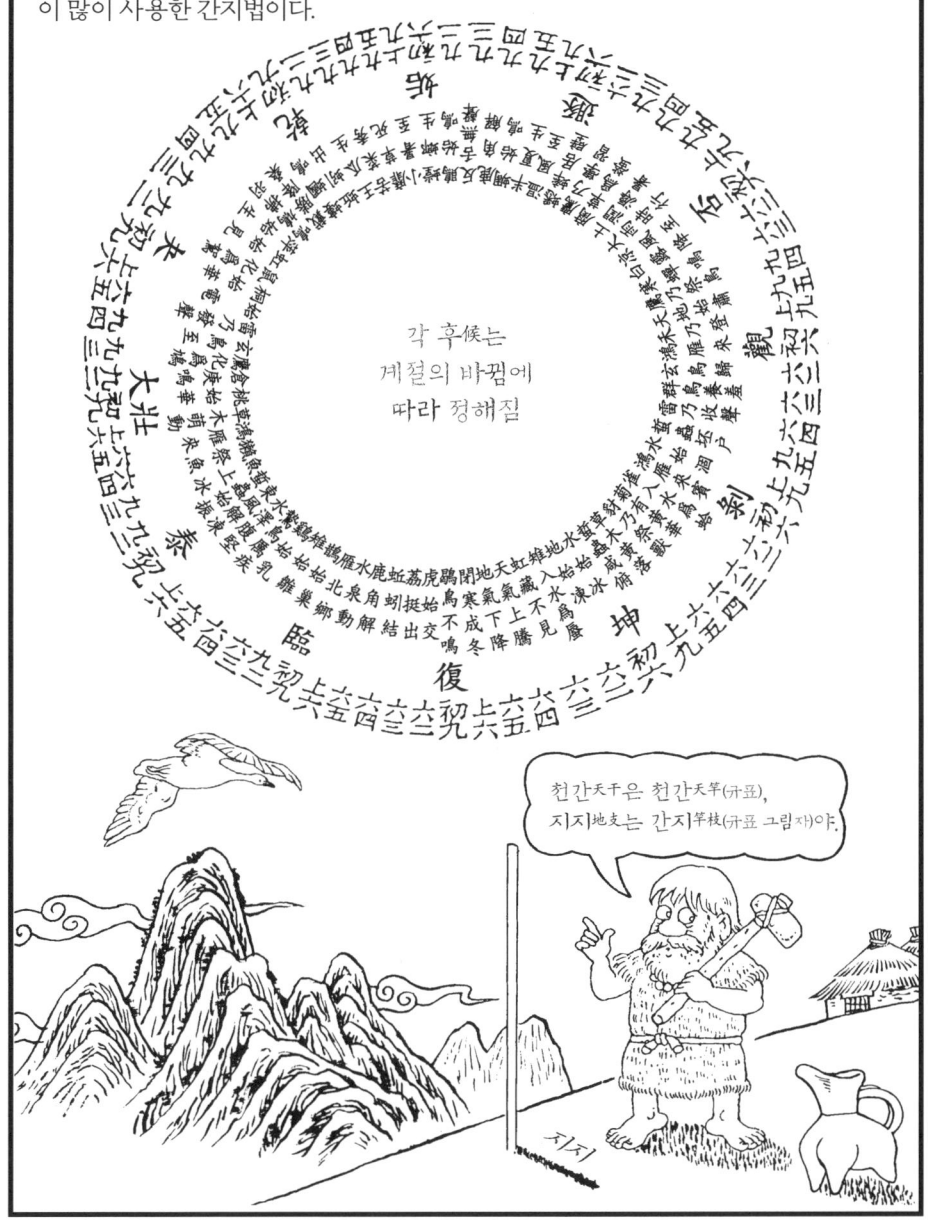

천간과 지지

하늘의 이치에 따라 간干을 활용하면 1후는 5일이다. 갑甲에서 무戊까지 양변陽變, 기己에서 계癸까지 음변(五陰五陽)인 십간이 있는 것은 5의 변화 때문이다.

갑甲 을乙 병丙 정丁 무戊 기己 경庚 신辛 임壬 계癸

토土 금金 수水 목木 화火

땅의 이치에 따라 지支를 활용하면 1변은 6일이다. 자子에서 사巳까지 양변, 오午에서 해亥까지 음변(六剛六柔)인 십이지가 있는 것은 6의 변화 때문이다.

자子 축丑 인寅 묘卯 진辰 사巳 오午 미未 신申 유酉 술戌 해亥

서暑 습濕 화火 조燥 한寒 풍風

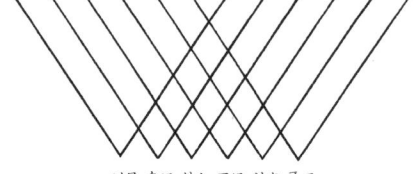

이들 두 그림은 《황제내경》의 오기경천설五氣經天說을 요약한 것이야.

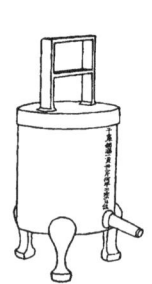

십간으로 일日에 응하고, 십이지로 월月에 응하면, 1년의 달수는 2×6, 1개월의 날짜는 6×5, 1년의 기수氣數는 4×6, 1기의 후수候數는 3×5이다. 1년의 총계는 36갑甲(36×10천간)으로 천수 5로 회귀하고, 30자子(30×12지지)에 의해 지수地數 6으로 회귀한다.

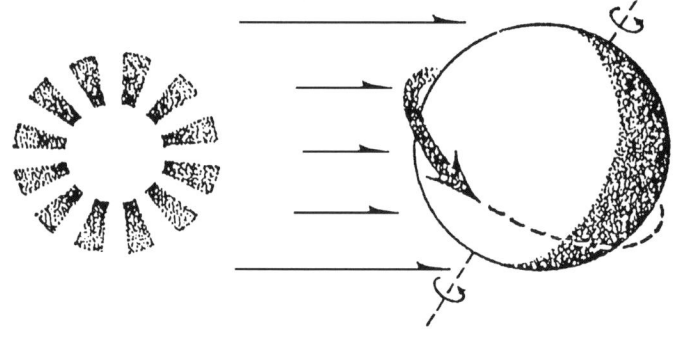

1년×12월×24기×72후×360일×4320신辰×129600분

5와 6이 만나면 6이 많고 5가 적은 관계이다. 적은 것은 움직임이 빠른데, 간지가 실제 나타내는 것은 천지간 물질의 반응과 주기적 증감의 일반법칙이다.

천원지방天圓地方

하늘의 운기를 나타내는 간지 갑자 체계는 시공時空 통합의 산물인데, 《황제내경》의 '천도'天度와 '기수'氣數 설명은 이에 관한 것이다.

옛사람들은 갑자로 연월일시를 기록하고, 계절과 절기 등 모든 주기적 현상을 추산하였다. 해마다 천간과 지지의 한 글자를 조합해 기년紀年을 정하는데, 갑자甲子에서 시작해 간과 지의 끝인 계해癸亥까지 60년이다.

甲子	乙丑	丙寅	丁卯	戊辰	己巳	庚午	辛未	壬申	癸酉
甲戌	乙亥	丙子	丁丑	戊寅	己卯	庚辰	辛巳	壬午	癸未
甲申	乙酉	丙戌	丁亥	戊子	己丑	庚寅	辛卯	壬辰	癸巳
甲午	乙未	丙申	丁酉	戊戌	己亥	庚子	辛丑	壬寅	癸卯
甲辰	乙巳	丙午	丁未	戊申	己酉	庚戌	辛亥	壬子	癸丑
甲寅	乙卯	丙辰	丁巳	戊午	己未	庚申	辛酉	壬戌	癸亥

운기학설은 기년의 갑자를 연역도구로 응용해 기후변화를 예측한다.

간지는 운기설에서 '술術이 충족되면 기氣가 생긴다'는 이치를 설명하는 도구다. '수數'는 자연계의 정해진 주기와 상태, '술'은 운수를 헤아리는 기술과 방법이다.

이런 기술과 방법을 터득하면 사물의 법칙을 파악할 수 있죠.

간지에서 간干은 날짜를 명명하는 데 사용한다. 10일을 1순旬으로 삼아 십간十干이라고 하는데, 오행과 결합하면 매우 간결해지므로 '오행을 토대로 세운다'고 하였다.

천간과 오행(대운大運)

1갑甲 6기己의 해는 토운土運
2을乙 7경庚의 해는 금운金運
3병丙 8신辛의 해는 수운水運
4정丁 9임壬의 해는 목운木運
5무戊 10계癸의 해는 화운火運

이런 간지와 하도의 결합법은 《태시천원옥책》에서 유래한다고 《황제내경》은 말하지.

운기설의 천간배운법天干配運法은 《황제내경》의 '오천오기'五天五氣 운행법칙을 반영하며, 그 이치 역시 하도에서 유래하였다.

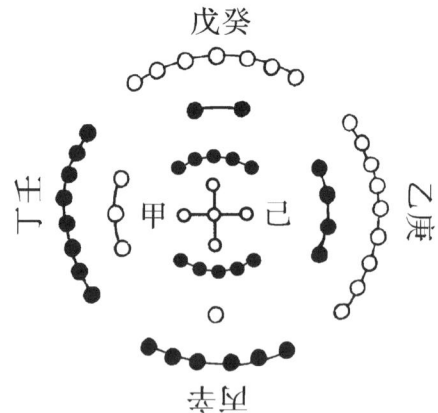

그 근거는 다음과 같다. 중앙에 위치한 갑甲1과 기己6은 중앙 5와 10의 토기土氣를 얻어 토土로 변하고, 을乙2와 경庚7은 2+7=9라서 금金으로 변하고, 병丙3과 신辛8은 3+8=11이라서 10을 버리면 1이 되어 수水로 변하고, 정丁4와 임壬9는 4+9=13이라서 10을 버리면 3이 되어 목木으로 변하고, 북쪽에 위치한 무戊5와 계癸10은 1과 6을 얻어 합하면 7이 되므로 화火로 변한다.

'오천오기'는 태양이 위치한 하늘의 기상이며, 상응하는 이중의 별자리는 상이한 계절의 아침과 저녁 중간지점으로, 시간의학에서 필수적인 중요요소이다.

오천오기 및 오음五音 기원도

오기五氣	금천기黅天氣	소천기素天氣	헌천기玄天氣	단천기丹天氣	창천기蒼天氣
색	황색	백색	흑색	적색	청색
기氣	토기土氣	금기金氣	수기水氣	화기火氣	목기木氣
경도經度	심미心尾 갑도甲度	항저亢氐 을도乙度	장익張翼 병도丙度	우어牛女 계도癸度	위실危室 임도壬度
	중토中土 기분己分	묘昴, 필畢 경도庚度	누婁, 위胃 신도辛度	종토中土 무도戊度	유柳, 귀鬼 정도丁度
오음五音	甲屬陽土 太宮 己陰少	乙屬陰金 少商 庚陽太	丙屬陽水 太羽 辛陰少	戊屬陽火 太徵 癸陰少	丁屬陰木 少角 壬陽太

천간과 결합한 지지는 두기斗機(북두칠성의 세 번째 별)를 점쳐서 정한 뒤 오행에 속하게 되었으며, 땅에 있다.

지지地支·오행 결합도

오행과 결합하면 해자亥子는 수水, 인묘寅卯는 목木, 사오巳午는 화火, 신유申酉는 금金이다. 진술축미辰戌丑未는 토土가 중앙에 자리해 사방을 통괄함을 상징한다.

하지만 무형의 육기라서 운기설의 오행에 귀속할 때는 이에 따른 변화가 필요해, 마찬가지로 천지(건곤)에서 발생한 육자六子에 배합한다.

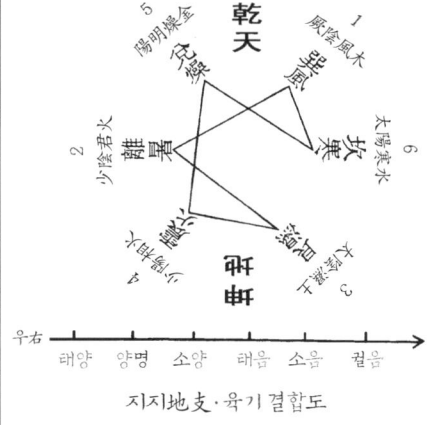

지지地支·육기 결합도

삼음괘 손, 이, 간은 괘를 하나씩 걸러 왼쪽으로 돌고, 삼양괘 진, 태, 감은 괘를 하나씩 걸러 오른쪽으로 돌지.

주기主氣(오운)는 지기地氣로 조용히 자리를 지킨다. 하늘이 대응해 오운 역시 여섯으로 나뉘는데, 군화君火가 신명을 주관해 상화相火만이 운을 주관하므로 기氣는 여섯이라도 운運은 다섯이다. 목, 화, 토, 금, 수가 사계절과 땅의 변화를 주관해 춘, 하, (장하), 추, 동을 이루고, 오행상생의 질서를 만든다. 그래서 태음(濕土)은 소양(相火)의 뒤에 위치한다.

객기客氣(육기)는 천기天氣로 하늘에서 쉬지 않고 움직인다. 곧 하늘의 음양으로서 사천, 재천, 좌우 4칸의 기氣로 나뉘어, 삼음삼양의 교대에 따라 시간을 주관하고, 천령天令을 행하고, 주기 위에 내려와 세시 변화와 음양의 질서를 만든다. 태음의 습토가 소양의 상화 앞에 위치한다.

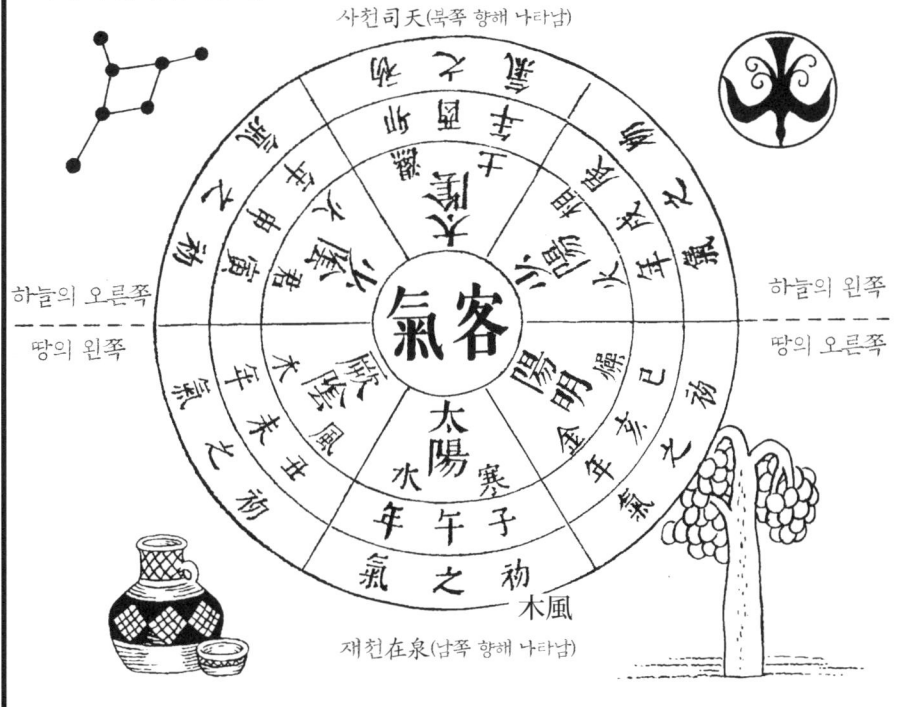

천간이 주관하는 오운은 사계절에 고정 적용되는 기氣로, 오행상생을 질서로 하는 주기이다. 지지가 주관하는 육기는 하늘의 운동에 의해 해마다 바뀌므로 객기라고 부른다. 주기와 객기는 다음과 같이 대응한다.

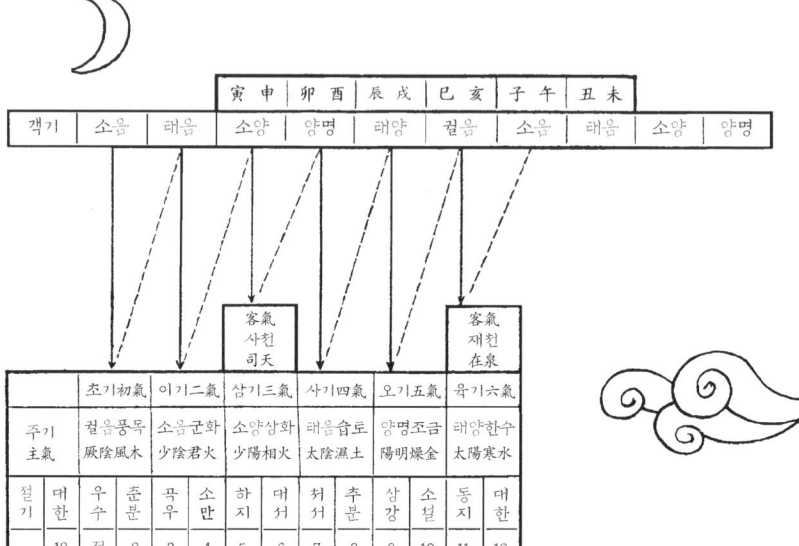

표에서 보듯이 주기와 객기 사이의 실선은
인신년寅申年 소양少陽의 사천司天(상)이 주기 소양에
대응하고, 궐음厥陰의 재천在泉(하)이 주기 태양에
대응하는 객주대응의 사례이고, 점선은 묘유년卯酉年
양명陽明의 사천司天이 주기 소양에 대응하고,
소음의 재천在泉이 주기 태양에 대응하는 객주대응의
사례로서, 나머지 역시 유추할 수 있지.

갑자甲子 1주기 동안 오운은 각각 한 해(천간으로 표시)를 주관하고, 육기(지지로 표시)와 작용해 기후와 생물에 영향을 준다. 인간이 객주대응을 추측해 자연변화의 법칙을 파악하면, 어느 해 기후의 정상 여부를 판단할 수 있다.

오행 간지	토	금	수	목	화
천간天干	갑甲+기己-	을乙-경庚+	병丙+신辛-	정丁-임壬+	무戊+계癸-
지지地支	축미丑未	묘유卯酉	진술辰戌	사해巳亥	자오인신 子午寅申
육기六氣	습濕	조燥	한寒	풍風	서화暑火

천간을 오행에 결합하면 태과太過와 불급不及이 생기는데, 표 속의 +는 태과, -는 불급을 가리킨다. 태과가 지나면 불급, 불급이 지나면 태과에 이른다.(와야 할 것이 제때 이르면 조화롭고, 때맞추어 이르지 않으면 기가 불급하며, 때가 아닌데 이르렀다면 기가 지나친 것이다.)

운기가 태과나 불급이면 자연계가 비정상적인 해, 조화로우면 정상적인 해인데, 비정상이면 반드시 승복勝復 현상이 생기지. 예를 들어 수운水運이 태과면 토기土氣가 복기復氣가 되어 지기를 상승시켜 큰비가 잦고 신장병을 초래하지만, 기가 조화로우면 정치가 평화로워 승기勝氣와도 동화되는 것이야.

주기와 객기가 만나면 같은 기는 서로 합해져 순順, 다른 기는 서로 부딪쳐 역逆이 된다. 때로는 같은 기라도 사람에게 질병을 일으키는 경우가 있다. 예를 들어 상화와 군화가 만나는 것은 적절하지 않다. 그래서 《황제내경》은 사천司天, 연지年支, 중운中運 등의 몇 가지 방식에 근거해 '천부天符', '세회歲會', '태을천부太乙天符' 개념을 제기하고 있다.

중운과 사천의 기가 부합하는 것을 천부天符라고 하는데, 갑자甲子가 12회 나타난다. 천부는 법의 집행관이므로 집법執法의 사악한 기운이 감돌면 질병이 급증하고 위험하다.

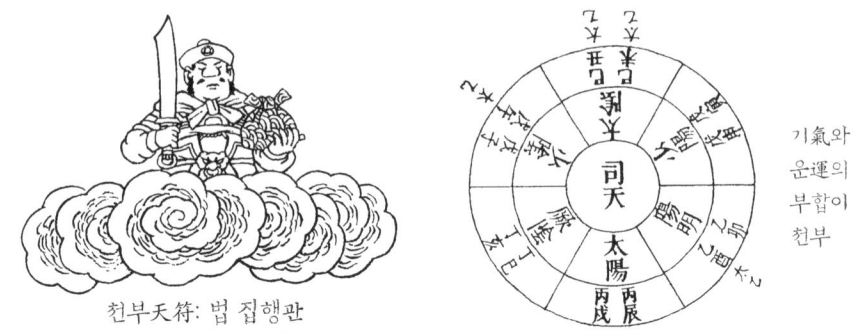

천부天符: 법 집행관

기氣와 운運의 부합이 천부

간지가 오방의 정위에 자리해 기가 조화로운 것을 세회歲會라고 하며, 60년 동안 8번 등장한다. 행령行令의 나쁜 기운이 발동되어도 질병은 비교적 가볍다.

세회歲會: 행령관行令官

태을천부太乙天符(중운, 사천, 연지가 같은 해)는 60년 동안 12회 출현한다. 태과의 해로 귀인에 해당하며, 귀인의 기운이 감돌면 발병이 늘고 사망할 위험이 있다. 1978년 무오년은 운, 기, 천간이 화火에 속하는 태을천부의 해였다. 기온이 높고 화火가 지나쳐 금金을 극하자 금이 목木을 제어하지 못하고, 목이 간을 상하게 해 간질환 발병률이 높았다.

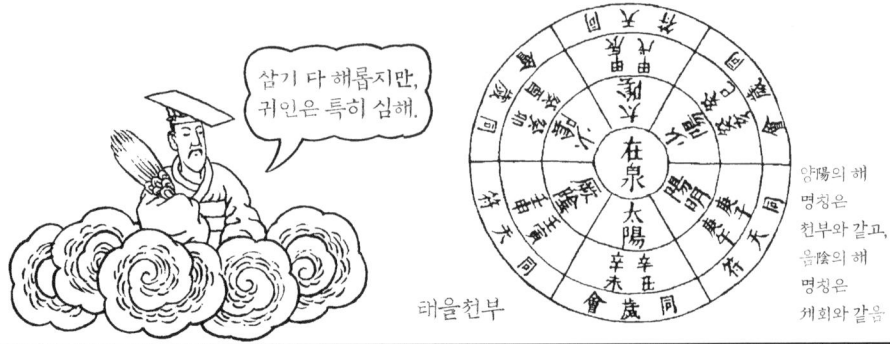

삼기 다 해롭지만, 귀인은 특히 심해.

태을천부

양陽의 해 명칭은 천부와 같고, 음陰의 해 명칭은 세회와 같음.

운기설에 따르면 옛사람들은 태양이 만물변화의 주요인임을 알고 있었다. 주기성을 지닌 이러한 요소들이 자연계에 반영되면 가뭄, 침수, 식량 생산의 파동, 수목 나이테의 변화, 역병의 유행 등으로 나타난다.

현대의 실증과학도 고대의 기상 및 재해 기록이 태양 흑점의 활동주기와 관계 있다는 것을 증명하였다. 흑점 활동의 평균주기가 11년과 22년이듯이, 천간 10과 지지 12, 천간 20과 지지 24는 이에 근접한 정수값이다.

오운육기설은 태양과 지구의 관계 및 반응에 대한 체계적인 평가와 귀납을 통해 기후변화와 질병에 미치는 영향을 예측하는 것이라고 할 수 있다. 근대 이후 인위적인 간섭으로 자연계의 질서가 문란해져 실제 운용할 때는 정황에 따른 유연성이 필요하다.

기후 특성에 따라 심는 작물과 채취 약재를 선택할 수 있지요.

남자는 왼쪽, 여자는 오른쪽

한의학의 가장 기본적인 개념은 하도와 낙서에 뿌리를 두고 있다. 그 모든 이치는 단순한 계수부호가 아니라 튼튼한 물질적 기반과 생장, 변화, 수장이라는 시공간적 정의를 지니고 있는데, 남좌여우 男左女右 개념 또한 그렇다.

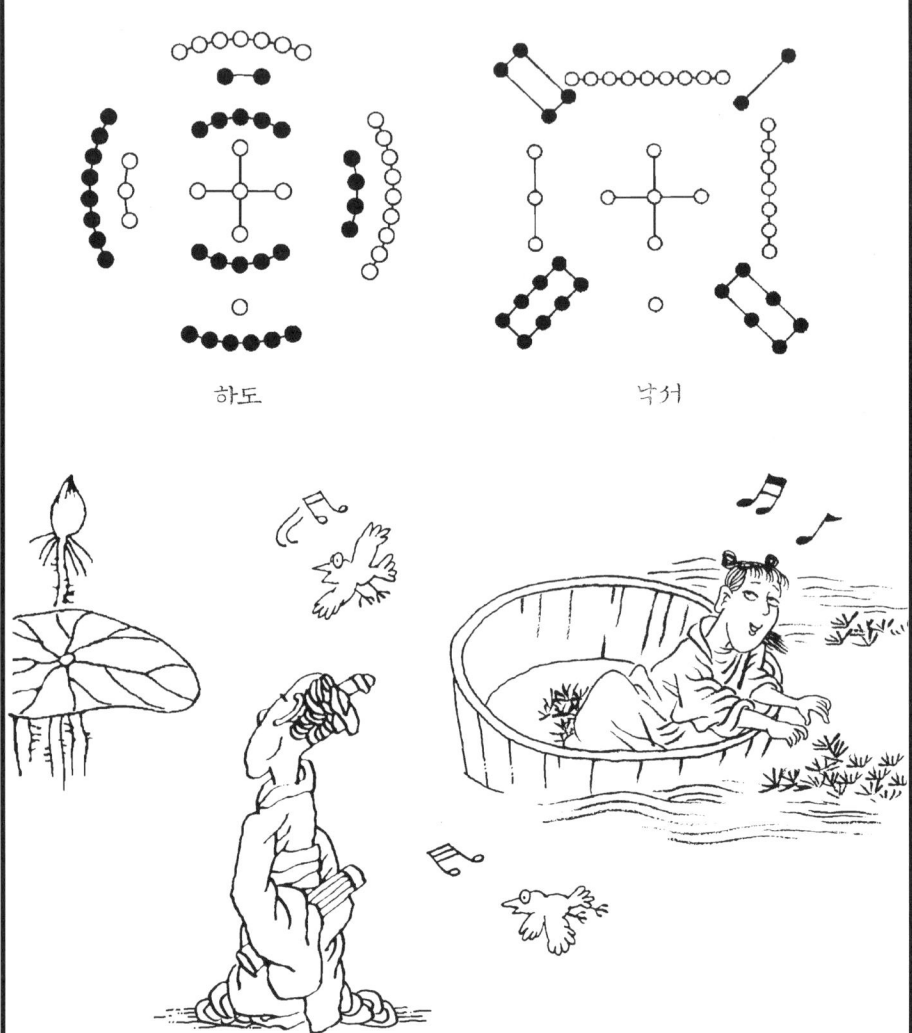

《황제내경》소문 상고천진론은 "음양의 법칙과 양생의 방법에 따르니… 여자는 7세가 되면 신기 腎氣가 성해지고… 14세에 천계 天癸에 이르며, … 장부는 8세가 되면 신기가 실해지고… 16세에 천계에 이른다"고 말하고 있다. 이곳 '천계'의 수 또한 하도와 낙서의 역수 易數에서 비롯되었다.

'천계'란 무엇인가? 마시馬蒔의 《황제내경》 주석처럼 "신腎이란 수水에 속하고, 계癸 역시 수에 속한다."

하도와 천간

《주역》 설괘전은 "감坎은 물水이고… 물을 모아 땅속에 저장한다" 하고, 방술서에서도 "남자의 정액과 여자의 월경은 선천적으로 형성되고, 후천적으로 생명을 위해 필요해 천계라 한다" 하였다.

계癸는 곧 감괘坎卦, 하늘은 선천과 후천을 가리킨다. 천계는 선천팔괘와 후천 낙서의 수를 한데 합쳐 나타낼 수 있다. 《주역》 설괘전은 "간艮은 세 번째로 구해 남자를 얻었으므로 소남少男, 태兌는 세 번째로 구해 여자를 얻었으므로 소녀少女라 한다" 하였다. 간이 소남이고 그 수가 8이라서, 소남은 숫자 8에서 시작한다. 태는 소녀이고 7에 속하므로, 소녀는 숫자 7에서 시작한다.

소녀는 오른쪽으로 돎

천계天癸
이칠二七(14),
이팔二八(16)

소남은 왼쪽으로 돎

남좌여우의 원칙에 따라 소녀를 상징하는 태괘는 오른쪽으로 도는데, 7의 배수(二七)인 14번째 감괘가 천계이다. 소남을 상징하는 간괘는 왼쪽으로 도는데, 8의 배수(二八)인 16번째 감괘가 천계이다. 이것이 좌양우음左陽右陰, 남녀 프랙털 구조의 수리적 근거다.

《주역》과 장상학설

앞에서 설명한 바와 같이 《주역》은 동양 전통문화의 우주관이자 방법론일 뿐만 아니라, 시간과 공간을 활용해 만사만물을 그 효용에 따라 통합하는 논리체계야. 장상학설藏象學說은 이 같은 체계를 응용한 것으로, 팔괘의 괘명이 물질적 기능의 귀납이듯이, 한의학 장기의 명칭 역시 이와 일맥상통하지.

《황제내경》은 "오장은 정精과 혈血을 저장하는 장소", "육부는 수곡水穀을 소화시켜 진액으로 만드는 장소"라고 일컫고 있다.

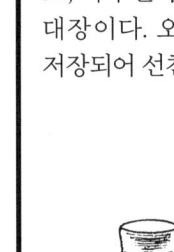

항장肛腸(항문)

오장은 심장, 간장, 비장, 폐장, 신장이고, 육부는 담, 위, 소장, 방광, 삼초三焦, 대장이다. 오장육부의 정기는 신장에 저장되어 선천적인 정기를 공급한다.

'장'藏은 몸안의 내장, '상'象은 내장이 몸밖으로 표출해내는 생리적 병리적 현상이다. 장상학설은 기, 혈, 진액을 물질적 기초로 삼고, 경락을 통해 오장육부와 온몸에 연결된다.

혀는 심장에 속하니 혀가 빨갛고 마르면 심화가 심한 것이지.

전중膻中은 심장을 외곽에서 감싸 보호하는데, 마치 군주의 신하처럼 심장에 바싹 붙어 있는 심장의 신하다.

비장과 위는 마치 창고와 같은 존재다. 음식물을 저장 소화해 몸에 영양을 공급한다. 위에서 소화된 음식물의 정기는 비장을 거쳐 온몸의 맥으로 퍼진다.

대장은 수송을 책임진다. 몸의 모든 찌꺼기는 여기에서 배출된다.

소장은 위에서 소화된 음식물을 받아들인 다음 그 정수를 취해 온몸으로 보낸다.

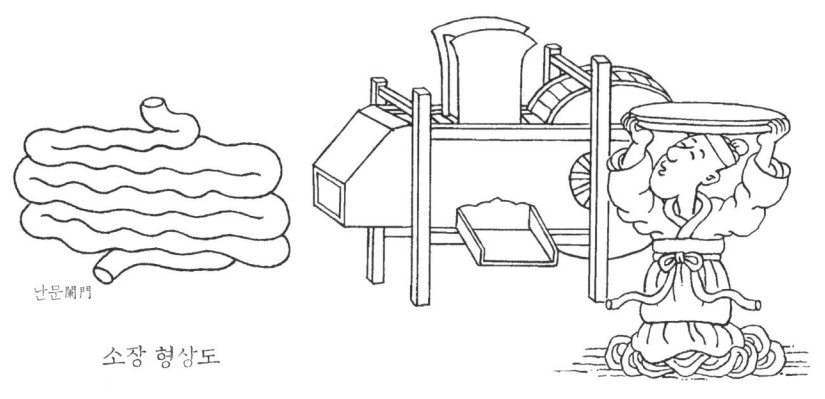

사람 생명의 근원은 두 신장 사이에 있다고 한의학은 인식한다. 신장의 능력이 충실하면 사지가 튼튼해지고, 지혜가 증진되고, 정교한 몸짓을 취할 수 있다.

옛사람들은 또한 오장육부를 상중하의 삼초三焦로 구분하였다. 위의 분문 위쪽인 상초는 몸안으로 받아들이는 일이 주고, 난문 아래쪽인 하초는 몸밖으로 배출하는 일이 주다. 중초는 위에서 소화시킨 수곡 진액을 폐에 주입하고 피를 만들어 온몸으로 보낸다.

그래서 삼초를 결독관決瀆官이라고 불렀지.

방광 형상도

방광은 수액이 모이는 곳이다. 삼초가 수액을 소통시켜 온몸 수분의 통로를 주관한다.

아래쪽은 전음前陰, 곧 소변이 배출되는 곳과 연결된다.

이상의 열두 기관은 반드시 서로 협조해야 한다. 특히 심장이 중요한데, 정신이 흐트러지면 다른 기관에 화가 미치고 기와 혈의 길이 막혀 건강이 위태롭다.

국가 통치도 마찬가지지.

그리고 오장육부 사이를 연결해주는 통로의 체계가 경락이야.

《주역》과 경락학설

침구 치료의 기초인 경락經絡의 발현과《주역》의 우주발생학은 서로 일치하는데, 역학이 만물을 '기'가 모여 형성된 것으로 인식하므로, 기의 변화활동이 인체의 건강 여부를 결정하지. 한의학 치료가 생명의 근원에 대한 접근에서 출발하는 것은 그 착안점이 구조가 아니라 '기'이기 때문이며, 한의학 개념 중 기능과 구조는 평행관계로 '기'의 표현형식일 뿐이야.

기氣가 흐르는 곳을 혈이라 하지.

앙인전도仰人全圖《유경도익》

한의학과 주역은 한뿌리 275

'경'經과 '낙'絡의 본뜻은 모두 통로, 곧 침을 맞은 후 몸속의 시큰거림과 저림 등의 느낌이 전달 확산되는, 원기元氣가 정상적으로 왕래하는 회로이다. 원기는 인체의 음양 리듬과 자연스레 일어나는 변화에 상응하며 순환한다.

'통하면 아프지 않고, 아프면 통하지 않기 때문이다.' 옛사람들은 경락의 어느 부위에 장애가 발생하면 기의 흐름이 막혀 혈어가 생기고 병이 발생함을 깨달았다.

전통 도인술導引術에서는 기혈을 유도해 경락의 운행을 원활하게 해준다. 혈어와 기의 막힘을 뚫고, 해독하는 효과를 거두기 위해서다.

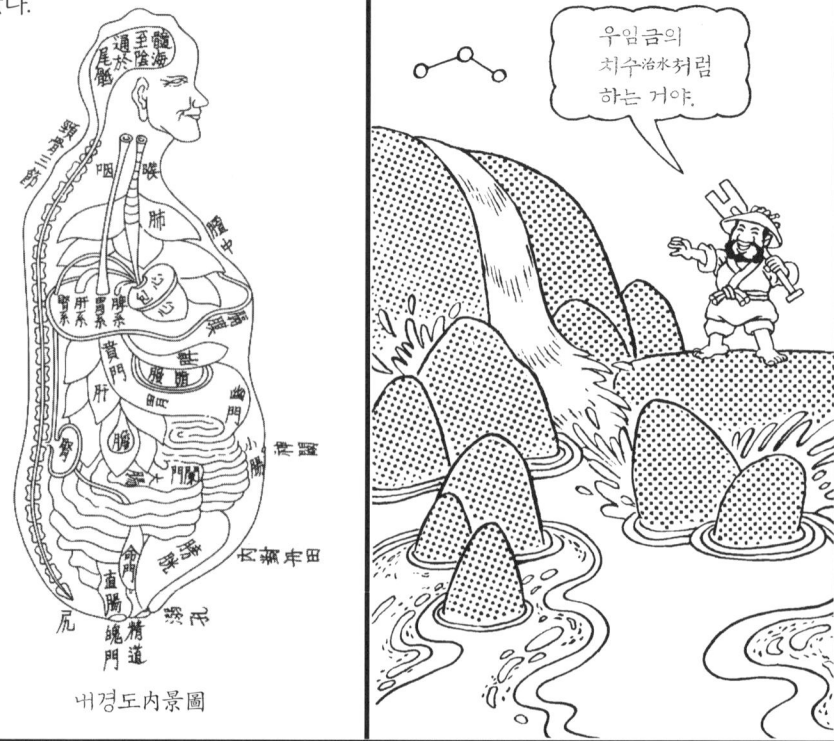

양생육자결

간편한 양생육자결養生六字訣의 예는 여섯 글자를 묵독하는 수행법인데, 글자의 기운氣運으로 해당 오장육부에 영향을 주고 기혈을 소통시켜, 질병을 물리치고 몸을 튼튼히 할 수 있지.

육자결六字訣에서 일컫는 경맥經脈의 순행 방법은 다음과 같다.

'허'噓자는 간을 보양한다: 간경肝經의 맥기는 엄지발가락 바깥쪽의 대돈혈에서 다리 안쪽 중심선을 따라 올라가는데, 아랫배를 거쳐 간으로 들어간 다음 담, 목, 눈을 지나 정수리의 백회혈에 이른다.

'가'呵자는 심장을 보한다: 비경脾經의 은백혈에서 허벅지 안쪽의 앞선을 따라 올라가 복부에서 충맥과 만난다. 다시 비장과 위를 거쳐 겨드랑이 아래의 대포혈과 심경心經의 극천혈을 돈 다음 팔뚝 안쪽의 끝자락을 따라 새끼손가락 끝의 소충혈에 이른다.

'호'呼자는 비장을 튼튼히 한다: '가'呵자공의 경맥 순행 방법과 같다.

'희'呬자는 폐를 윤택하게 한다: 엄지발가락에 자리한 간경肝經의 경락에서 위로 올라가 폐장으로 들어가고, 폐경肺經의 중부혈을 돌아 팔뚝 안쪽의 앞자락을 따라 엄지손가락 끝의 소상혈에 이른다.

'취'吹자는 신장을 튼튼히 한다: 신경腎經의 용천혈에서 시작해 안쪽 복사뼈와 허벅지 안쪽의 끝자락을 따라 올라가 척추를 뚫고 신장으로 들어간다. 이어서 방광을 거쳐 복부 전면에 이른 다음 충맥과 병행해 쇄골 아래의 유부혈에 이르고, 심포경心包經의 천지혈(유두 바깥쪽)을 돌아 팔뚝 가운데 선을 따라 중지 끝의 중충혈에 이른다.

'희'嘻자는 삼초를 관리한다: 넷째발가락 끝 규음혈의 담경膽經에서 경락을 거슬러오르기 시작해 허벅지 바깥쪽의 중심선을 따라 복부와 갈비뼈에 이른다. 다시 측흉부를 따라 어깨로 올라간 다음 삼초경三焦經을 돌고 팔뚝 바깥쪽의 가운데 선을 따라 약손가락 끝의 관충혈에 이른다. 다시 같은 길을 되짚어 넷째발가락 끝 규음혈의 담경으로 되돌아간다.

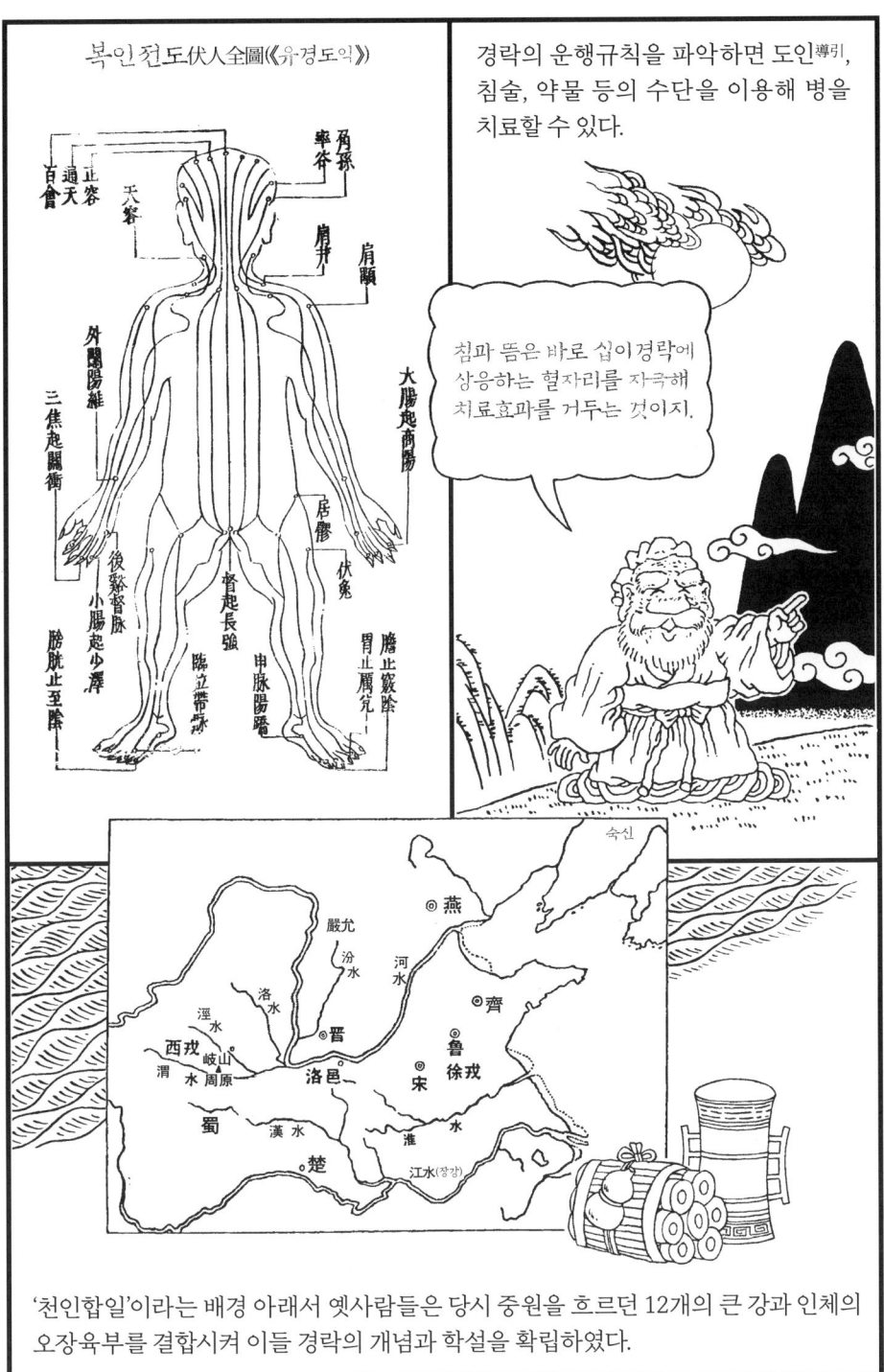

'천인합일'이라는 배경 아래서 옛사람들은 당시 중원을 흐르던 12개의 큰 강과 인체의 오장육부를 결합시켜 이들 경락의 개념과 학설을 확립하였다.

한의학과 주역은 한뿌리

자오유주 원리

자오유주子午流注는 침구 취혈법의 하나로 인체의 기혈이 경맥을 순환할 때 그 성쇠개합盛衰開闔이 서로 다르다는 점에 근거한 학설이다. 십이경十二經의 팔꿈치와 무릎 관절 아래 다섯 군데의 수혈俞穴을 기초로, 일日과 시時의 천간天干 지지地支를 결합해 취혈取穴을 결정한다. 이와 연관되는 시간 및 생리 병리 현상이 모두 이론적 범주에 속한다.

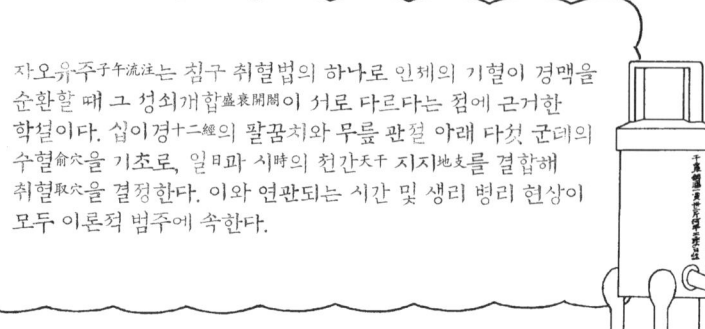

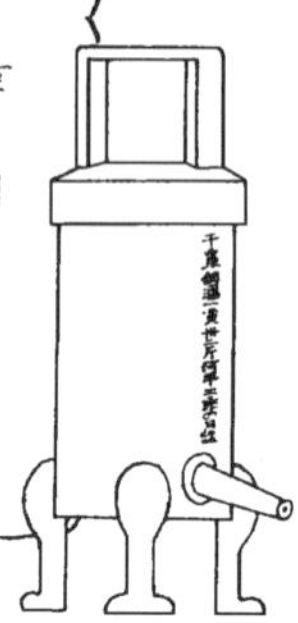

《편작81난경難經》의 제68난은 수많은 발원지를 가진 하천이 큰 강이 되고 마침내 바다로 흘러들어가는 형상에 비유해 십이경 기혈의 운행을 설명한다.

오혈주병도五穴主病圖    오혈인시이자도五穴因時而刺圖

오수란 무엇인가

기가 나오는 곳은 정井,
기가 흐르는 곳은 형滎,
기가 모이는 곳은 수俞,
기가 지나는 곳은 경經,
기가 합쳐지는 곳은 바다다.

천체운동에 주기성이 있고, 기후변화에 리듬이 있기 때문에, 필연적으로 인체에 영향을 준다. 자오유주 이론은 이 같은 사실을 총괄 귀납한 것이다.

침자법針刺法은 반드시 시공간 요소를 고려해야 한다고 《황제내경》은 설명한다.

날씨가 따뜻하고 하늘이 청명하면 인체 기혈의 흐름이 순조롭다. 사기邪氣를 막아주는 위기衛氣가 떠올라 피가 잘 돌고 기의 순환이 원활하다.

날씨가 춥고 하늘이 흐리면 피의 순환이 불순하고, 위기도 밑으로 가라앉는다.

보름날에는 (달의 중력 때문에) 바닷물이 서쪽에 가득 찬다. 사람은 혈기血氣가 쌓여 기육이 튼튼해지고, 찬바람을 맞아도 심하게 느끼지 않는다.

그믐에는 바닷물이 동쪽에 흥성하다. 인체의 기혈이 허해지고 기육도 빠져나가 큰 병에 걸리기 쉽다.

병마病魔

자오유주 학설에 의하면 인체의 기혈은 계절의 순서에 따라 순행하며, 밀물과 썰물이 규칙적으로 들고 나듯이 십이경맥 속에 주기성으로 나타난다.

자오子午는 간지의 총칭으로 음양의 길고 짧음을, 유주流注는 인체 기혈의 운행을 나타낸다. 유수流水가 유입되면 자子에서 오午까지, 오午에서 자子까지 주기적으로 반복하며 전신에 퍼져간다.

십이경과 시진時辰의 대응관계

1시간은 1시진時辰의 절반에 해당해요

경락	폐장	대장	위	비장	심장	소장	방광	신장	심포	삼초	담	간장
시진時辰	인寅 3~5시	묘卯 5~7시	진辰 7~9시	사巳 9~11시	오午 11~13시	미未 13~15시	신申 15~17시	유酉 17~19시	술戌 19~21시	해亥 21~23시	자子 23~1시	축丑 1~3시

예를 들어 새벽 인시寅時에 중초中焦에서 나온 기혈은 수태음폐경手太陰肺經으로 흘러들어갔다가 묘시卯時에 수양명대장경手陽明大腸經, 축시丑時에 족궐음간경足厥陰肝經을 거쳐 다시 폐경肺經에서 나오게 된다. 이처럼 바다의 조수처럼 매시진마다 각 경락을 들고나며 순환하는데, 기혈이 어느 경락으로 흘러들어가는 것은 밀물과 비슷하고, 빠져나오는 것은 썰물을 닮아 기혈이 쇠퇴한다.

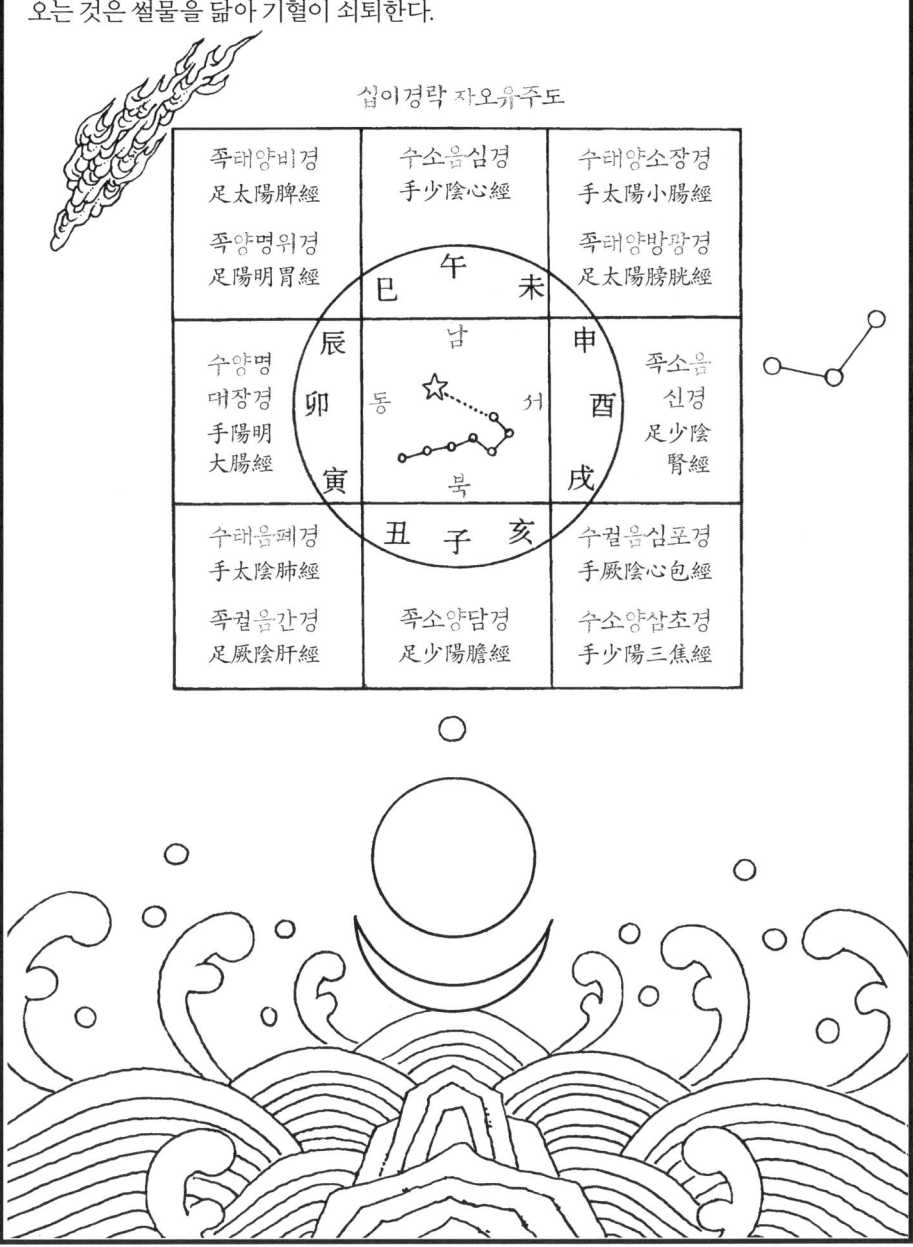

십이경락 자오유주도

한의학은 약물의 특성을 나타내기 위해 자오유주에 기반한 승강부침설을 사용하는데, 승昇은 상승, 강降은 하강, 부浮는 발산상행發散上行, 침沈은 사리하행瀉利下行을 의미한다. 승과 강, 부와 침은 두 종류의 대립되는 약성藥性으로, 승과 부는 양陽, 강과 침은 음陰에 속한다.

승과 부에 속하는 약은 상승, 외향 작용이 있어 양기 상승, 독성 제거, 한기 방지에 효과가 있다. 마황, 계지, 황기 등이 해당한다.

계지

기가 한랭하고, 맛이 시고 쓴 약물은 대황, 망초, 황백 등과 같이 대부분 침강 작용이 있다.

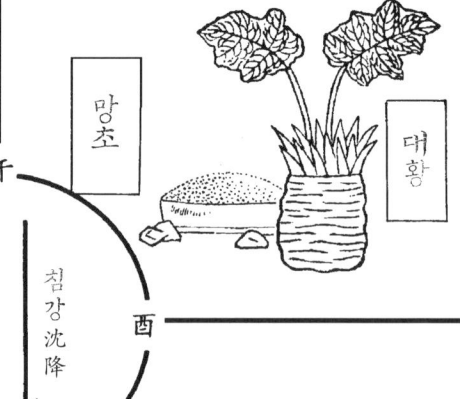

망초 / 대황

午 / 卯 승부昇浮 / 침강沈降 酉 / 子

신이

꽃, 잎, 질이 가벼운 신이, 하엽, 승마 같은 약물은 승부昇浮를 주도한다.

지실

씨, 열매, 질이 무거운 약물은 소자, 지실 등과 같이 대부분 침강을 주도한다.

옛사람들은 경제적 효율성을 추구해 자오유주 원리를 약식藥食과 약선藥膳에 활용했지.

예를 들어 하루 중 자시에서 묘시까지, 그리고 1년 중 동지에서 춘분까지는 음소양장陰消陽長의 시기라서 기를 더해주는 따뜻한 약을 복용하면 적은 노력으로 큰 효과를 거둘 수 있다.

오시에서 유시까지, 그리고 하지에서 추분까지는 양소음장陽消陰長의 때라서 음陰에 해당하는 약을 먹는 것이 효과적이다. 자시에 일양一陽이 생기고, 오시에 일음一陰이 생기기 때문이다.

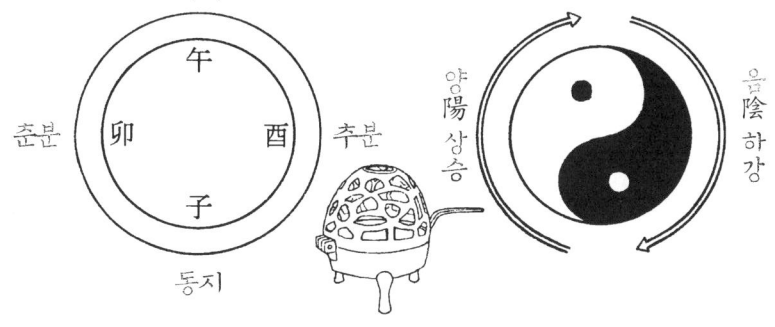

자시와 엄동설한에는 음성양허陰盛陽虛로 기염氣焰이 되기 쉬워 양기를 북돋워주는 약은 자시 전에 복용해야 한다.

오시와 한여름은 양성음허陽盛陰虛로 양항화염陽亢火焰이 되기 쉬워 해열, 해독에 도움되는 약을 미리 복용해야 한다.

그리고 그에 상응하는 음식이 필요해요.

영구팔법이란 무엇인가

'자오유주'와 뿌리를 같이하는 '영구팔법'靈龜八法은 기경奇經의 팔맥八脈과 팔혈八穴을 기초로 하지. 팔맥과 팔혈은 각기 구궁팔괘九宮八卦에 속하는데, 일시日時를 나타내는 간지를 추산해 취혈하므로 기경납괘법이라고도 해.

'영구팔법'은 낙서와 후천팔괘에 근거해 취혈, 약물 치료에 사용해온 임상방법이다. 출현시기가 오래 되고 치료효과가 현저해 사람과 자연이 서로 상응하는 긴밀한 존재임을 충분히 실증하였다. 치료법에 응용되는 숫자가 낙서 전설 속의 신묘한 거북이에서 비롯되었기에 영구靈龜라 일컫는다.

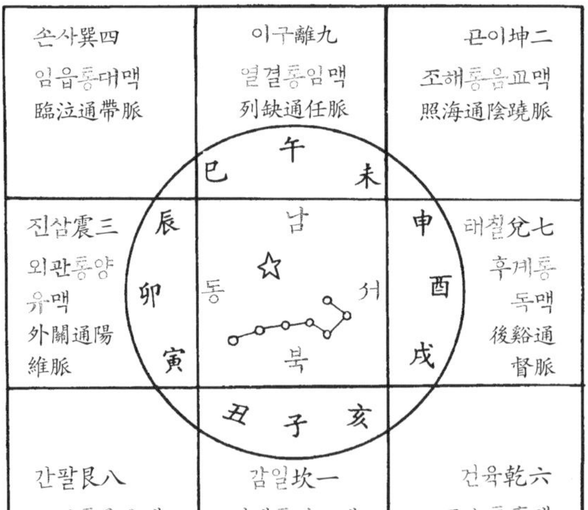

손사巽四 임읍통대맥 臨泣通帶脈	이구離九 열결통임맥 列缺通任脈	곤이坤二 조해통음교맥 照海通陰蹻脈
진삼震三 외관통양 유맥 外關通陽 維脈	巳 午 未 辰 남 申 卯 동☆서 酉 寅 북 戌 丑 子 亥	태칠兌七 후계통 독맥 後谿通 督脈
간팔艮八 내관통음유맥 內關通陰維脈	감일坎一 신맥통양교맥 申脈通陽蹻脈	건육乾六 공손통충맥 公孫通衝脈

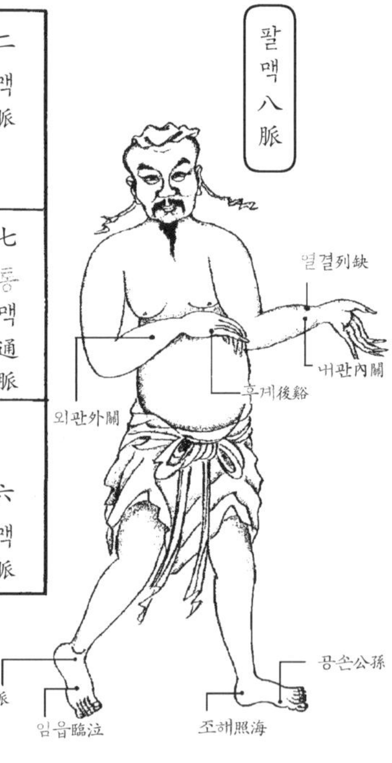

팔맥八脈

열결列缺
내관內關
후계後谿
외관外關
공손公孫
신맥申脈
임읍臨泣
조해照海

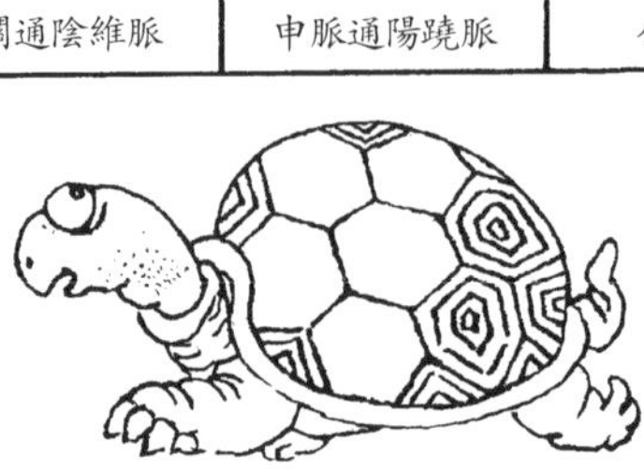

태일太一과 두강월건斗綱月建

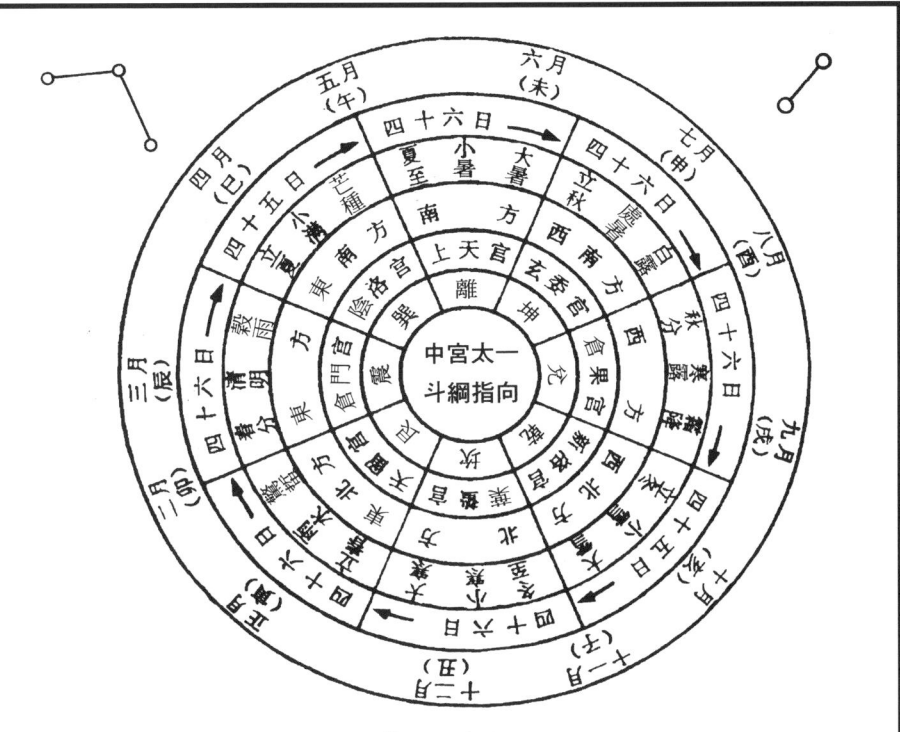

《황제내경》 구궁팔풍도九宮八風圖

태일太一(북극성) 주위를 도는 북두성 7별 중 1~4별을 괴魁, 나머지를 표杓라고 부른다. 두표斗杓는 돌면서 십이진十二辰을 가리키는데 이를 '두강월건'斗綱月建이라 한다. 두강월건은 한 해를 이루는 절기가 있는 곳으로 각 절기는 팔궁八宮 소속으로 나뉜다.

각 궁宮에는 46일씩이 속하는데, 건乾과 손巽에 해당하는 신락궁과 음락궁은 45일씩이다. 모두 합한 것이 한 해의 날수다. 동짓달 월건月建은 정북에 해당하고, 태일이 엽칩궁에 머무르는데, 엽칩궁(坎宮)은 동지, 소한, 대한의 세 절기를 주관한다. 나머지도 이와 같은 방식이다.

한의학과 주역은 한뿌리 287

구궁九宮과 팔풍八風

구궁과 팔풍은 낙서를 근거로 '사립'(입춘, 입하, 입추, 입동), 이분(춘분, 추분), 이지(하지, 동지)의 8절기가 바뀌는 날짜와 궁을 지날 때의 풍향으로 기후변화를 가늠하고 질병을 예측 치료하는 것이지.

감궁坎宮을 '엽칩'葉蟄이라 한 것은 겨울이 봉장封藏을 주관하는 계절로 일양一陽이 움직이기 시작하는 동짓날에 동물이 겨울잠에서 깨려 하기 때문이다.

간궁艮宮을 '천류'天留라 이름한 것은 간艮이 산山에 해당해 머물러 움직이지 않기 때문이다.

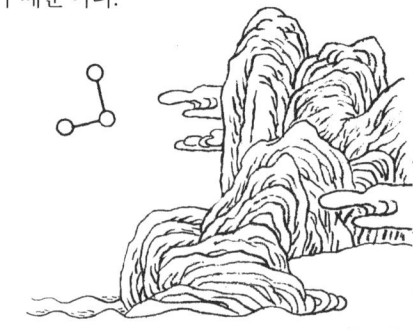

진궁震宮을 '창문'倉門이라 이름한 것은 창倉이 저장한다는 뜻으로 춘분에 천지의 기운이 모여 진동개벽이 이루어져서다.

손궁巽宮을 '음락'陰洛이라 한 것은 손巽이 동남쪽에 위치해 4월을 주관해서다(낙서에서 2와 4는 어깨를 가리키는 수).

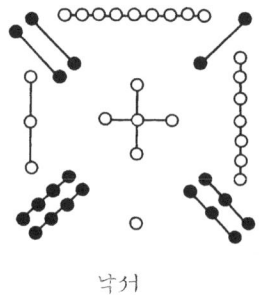

낙서

이궁離宮을 '상천'上天이라 이름한 것은 해와 달이 하늘에서 빛나 이離의 밝음이 위에 있는 상이라서다. 	곤궁坤宮의 이름은 '현위'玄衷다. 곤坤은 땅, 현위玄衷는 조용히 순종한다는 뜻으로, 땅의 도가 아득하고 유순하기 때문이다.  나를 알아주는 이는 내게 시름이 있다고 하는데, 잘 모르는 이는 무엇을 찾느냐고 하네.
태궁兌宮을 '창과'倉果라 이름한 것은 가을이 되면 만물이 열매를 맺고 수장하게 되기 때문이다. 	건궁乾宮의 이름은 '신락'新洛이다. 낙서洛書는 9를 이고 1을 밟고 있는데, 1이 곧 건乾의 시작이라서 붙여진 이름이다. 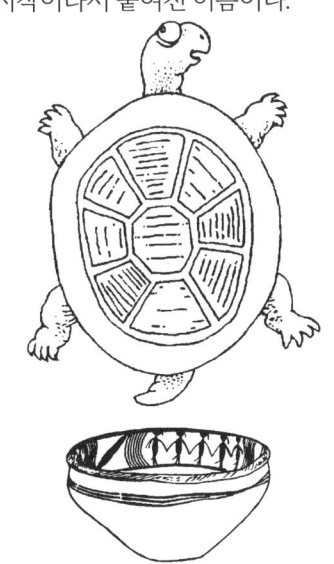

팔풍은 서로 다른 계절풍이 팔궁을 지날 때의 방향을 가지고 질병을 예측하고 진단하는 토대로 사용하는 것이다. 겨울의 북풍, 여름의 남풍과 같이 계절의 방위에 맞는 실풍實風은 만물의 생장을 돕고 몸에 이롭다. 반면에 봄의 서풍, 가을의 동풍과 같이 계절의 방위 반대쪽에서 부는 허풍虛風은 병을 가져다주고 몸을 손상시킨다.

그래서 북극성이 중궁中宮으로 이동했을 때를 기준으로 방향을 정립한 다음 북두칠성이 북극성을 둘러싸고 도는 방향에 따라 팔풍의 방위를 정해 기상의 길흉을 추정하였다.

남풍이 불고 방위가 이궁離宮이면 화火에 속한다. 열기가 성한 곳에서는 바람이 미미해 '대약풍'이라 일컫는다. 인체를 손상시키면 안으로 심장에 침입하고, 밖으로 혈맥을 막고, 사기邪氣에 의해 열병이 발병한다.

서남풍이 불고 방위가 곤궁坤宮이면 토土에 속한다. 음기가 갓 생겨나고 양기는 여전해 음양의 구분이 어렵다. 마치 의논하는 듯하다 하여 '모풍謀風'이라 한다. 인체를 손상시키면 안으로 비장에 침입하고, 밖으로 기육에 머물며, 사기 때문에 쇠약해진다.

바람이 서쪽에서 불고 방위가 태궁兌宮이면 금金에 속한다. 금의 기운이 굳세 '강풍'剛風이라고 부른다. 강풍은 폐장을 손상시키고, 밖으로 피부에 머물며, 조병燥病을 야기한다.

서북풍이 불고 방위가 건궁이면 금에 속한다. 금은 절상折傷을 예시해 '절풍'折風이라는 이름이 붙었다. 인체를 손상시키면 안으로 소장에 침입하고 밖으로 수태양경맥에 머문다. 환자의 맥이 고갈되면 음기와 한기가 넘쳐나고, 맥이 막혀 통하지 않으면 위험하다.

북풍이 불고 방위가 감궁坎宮이면 수水에 속한다. 기가 차고 바람이 매서워 '대강풍'大剛風이라고 한다. 인체를 손상시키면 내부는 신장에 침입하고, 밖으로 뼈와 견배肩背의 여근膂筋 부위에 머물며, 사기에 의해 한증이 야기된다.

동북풍이 불고 방위가 간궁艮宮이면 토土에 속한다. 음기가 아직 가시지 않고 양기는 부족해 '흉풍凶風'이라고 한다. 인체를 손상시키면 안으로 대장에 침입하고, 밖으로 양 협액골 하부와 상지 관절에 머문다.

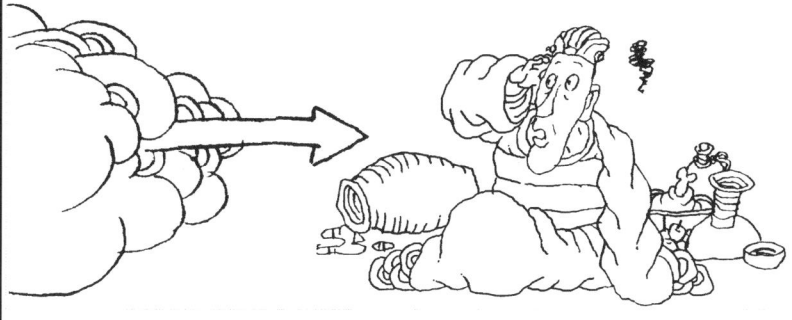

동풍이 불고 방위가 진궁震宮이면 목木에 속하는데, 동풍이라서 '영아풍嬰兒風'이라고 한다. 인체를 손상시키면 안으로 간장에 침입하고, 밖으로 힘줄이 결합하는 부위에 머문다. 바람이 비롯된 곳이 동남쪽에 가까워 습병濕病이 생기기 쉽다.

동남풍이 불고 방위가 손궁巽宮이면 목木에 속한다. 공기가 따뜻하고 바람이 부드러워 '약풍弱風'이라고 한다. 동남쪽은 습한 곳이라서 약풍이 인체를 손상시키면, 안으로 위에 침입하고, 밖으로 기육에 머물며, 주로 무거운 병을 야기한다.

이들 팔풍은 해당하는 계절과 상반된 방향에서 불어오는 허사적풍虛邪賊風으로 사람들을 병들게 한다. 허약한 몸에 계절과 날씨가 비정상적인 삼허三虛를 만나면, 안팎이 상응해 병이 위중해진다.

삼허 가운데 일허一虛만 만나면 대부분 피로, 졸음, 오한, 신열 등의 증상에 머물게 된다.

비가 자주 오는 습한 지방에서 우습雨濕의 기를 받으면 몸이 마비되는 위병痿病에 걸리기 쉽다.

십이소식괘와 한의학

십이소식괘는 십이벽괘(辟卦)라고도 하는데, 《주역》 64괘 중에서 특수한 12괘를 취해 1년 12개월에 결합한 것이다. 사계절, 여덟 절기, 열두 달 등의 음양소장 법칙을 반영하며, 음양의 증감을 통해 인체의 정기가 성쇠 변화하는 모습을 나타낸다.

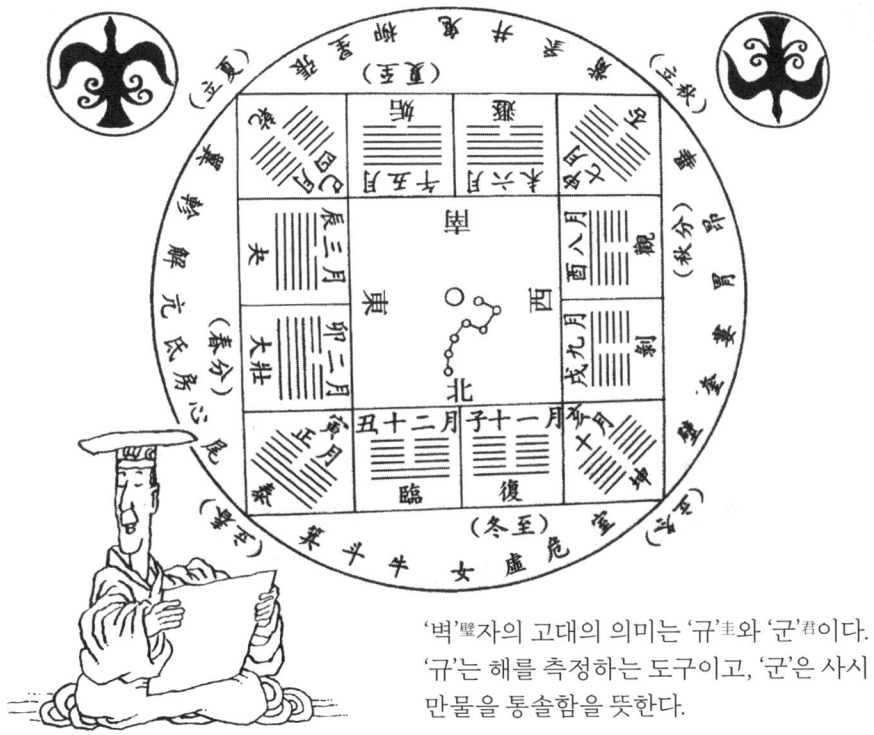

'벽'(辟)자의 고대의 의미는 '규'(圭)와 '군'(君)이다. '규'는 해를 측정하는 도구이고, '군'은 사시 만물을 통솔함을 뜻한다.

'벽'은 또한 외원내방(外圓內方) 형태의 제기(祭器)인데, 바깥 원은 하늘을 본떠 28수를 의미하고, 안쪽 사각형은 땅을 본떠 십이지지, 열두 달, 십이벽괘, 사시팔절(四時八節)을 가리킨다.

사각형의 변은 이지(하지, 동지), 이분(춘분, 추분), 사립(입춘, 입하, 입추, 입동)의 해 그림자 길이, 중앙은 북두칠성으로 십이벽괘의 천문적 배경을 반영하였다.

천인상응학설에 기초해 옛사람들은 이분, 이지의 네 절기에 질병이 더욱 심하다는 사실을 발견하였다. 이분, 이지는 또한 천상天象의 미尾, 기箕, 삼參, 벽壁 4수와 괘상의 복復, 구姤, 대장大壯, 관觀 4괘와 각기 상응하는 관계이다.

이분, 이지는 한 해 중 음양소장의 전환점이다. 동지와 하지는 음양이기가 서로 접할 때, 춘분과 추분은 음양이기가 분리될 때이다.

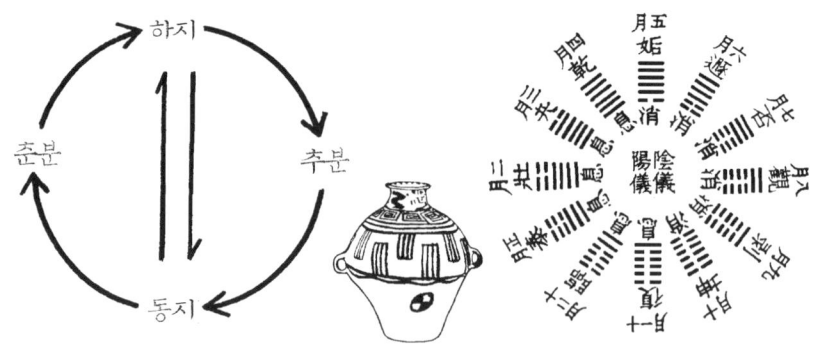

2월 춘분에는 두병斗柄이 묘卯를 가리키고, 태양은 28수의 벽수壁宿에 다다른다. 일출은 묘시 초각, 일몰은 유시 초각으로 밤낮이 모두 50각씩이다.

태양의 황도상 위치는 벽수壁宿

춘분이 지나면 음양이 분리되어 낮이 길어지고 밤이 짧아지며, 음기가 물러나고 양기가 들어온다. 기후가 따뜻해지면서 만물이 나고 자란다. 괘상으로는 대장괘이다.

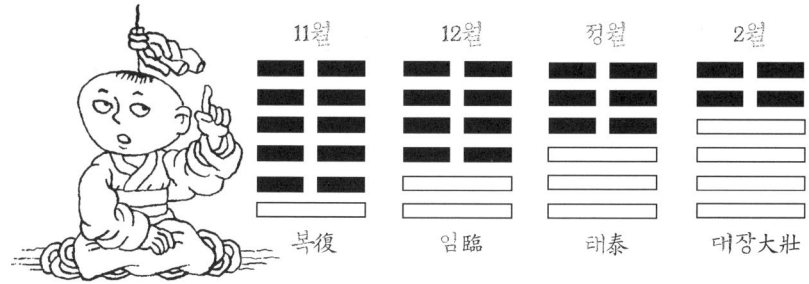

병리적으로 음허한증陰虛寒症 질병은 줄어들고, 양허열증陽虛熱症 질병이 급격히 심해진다. 간장과 담에서 새로운 질병이 발생하고, 본디 비장과 위에 병이 있던 사람은 재발하거나 악화되기 쉽다.

5월 하지에는 두병이 오午를 가리키고, 태양은 28수의 삼수參宿에 다다른다. 일출은 인시 4각, 일몰은 술시 초각인데, 낮이 59각, 밤이 41각으로 1년 중 낮이 가장 길고 밤이 가장 짧다. 양이 극에 이르러 음이 발생하기 시작한다.

태양의 황도상 위치는 삼수參宿

이것을 벽괘에서는 하지에 일음이 발생하는 구괘姤卦로 나타낸다. '구'姤는 해후, 음양의 만남을 가리킨다.

양왕음생陽旺陰生의 시기에는 병리 변화가 심하고 위험하다.

8월 추분에는 두병이 유酉를 가리키고, 태양은 28수의 익수翼宿에 다다른다. 추분날의 일출은 묘시 초각, 일몰은 유시 초각인데, 밤낮 모두 50각씩으로 그 길이가 같다.

그 후 음기가 늘어나고 양기가 물러나며, 밤은 길어지고 낮은 차츰 짧아진다. 날씨가 서늘해지면서 만물은 수집 건사를 시작한다. 벽괘에서는 관觀으로 나타낸다. 이 시기 가을에는 조기燥氣가 충만하고, 사람의 병은 폐장에 나타나는데, 한기가 심해 간장에 해롭다.

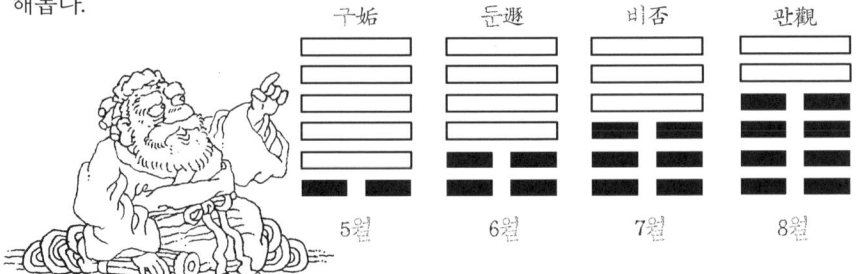

11월 동지에는 두병이 자子를 가리키고, 태양은 28수의 미수尾宿에 다다른다. 동짓날의 일출은 진시 초각, 일몰은 신시 4각인데, 낮이 41각, 밤이 59각으로 1년 중 낮이 가장 짧고 밤이 가장 길다. 음기가 커져 그 극점에 이르게 된다.

벽괘에서는 복괘復卦로 나타낸다. 일양一陽이 오음五陰 아래서 발생하는데, 음이 극에 이르러 양이 부활하는 것으로, 오월의 구괘와는 음양 변화가 정반대다.

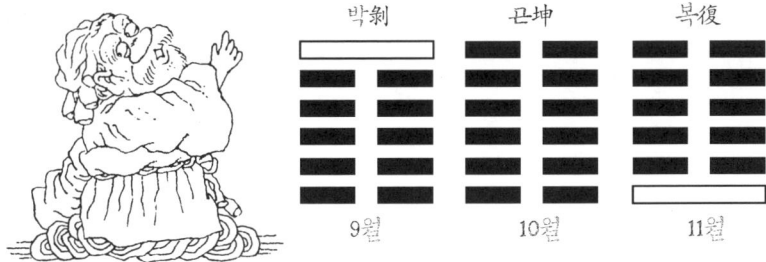

급성질환을 유발하거나 만성질환자들의 병을 가중시키는 시기이다.

이런 점에서 보면 벽괘가 천상天象과 병증의 변화를 형상 반영한 것임을 알 수 있다. 깊이 연구하면 역학에 대한 이해를 심화시킬 수 있다.

주천周天 28수

28수宿는 황도黃道와 적도赤道 부근에 자리한 28개의 별자리를 가리킨다. 옛사람들은 천상과 해, 달, 별의 운행을 관측해 역학 시용관의 참고자료로 삼았다.

천체는 거대한 빈 공간 속을 끊임없이 선회한다. 옛사람들은 입춘을 기준 삼아, 그날 밤 유柳, 성星의 2수宿가 남쪽하늘 중앙에, 항亢, 각角 등의 별이 동쪽에, 자觜, 삼參 등의 별이 서쪽에, 우牛, 여女 등의 별이 북쪽에 자리한 모양을 보고 별자리 이름을 붙였다.

남방 주작朱雀 7수

동방 창룡蒼龍 7수

서방 백호白虎 7수

북방 현무玄武 7수

이렇게 황도 28성수의 자리가 정해졌는데, 모두 더하면 365.25도로 하루에 1도씩 움직이지.

북방 현무玄武 7수

'벽'壁은 곧 벽闢으로 생기生氣의 개벽에 책임을 진다는 말이다.

'실'室은 영실營室을 의미한다. 양기를 배태 생성해 동쪽으로 실어 나른다는 뜻이다.

'위'危는 괴멸을 의미한다. 양기는 이곳에 다다른 다음 사라진다.

'허'虛는 허실虛實의 허虛를 가리킨다. 양기가 겨울철의 공허 속에서 양성됨을 의미한다.

'여'女는 수녀須女라는 의미인데, 음양이기가 아직 나뉘지 않아 서로를 필요로 한다는 의미에서 붙여졌다.

'우'牛는 견우牽牛로 양기가 만물의 발생을 견인함을 상징한다. 언 땅에서도 소는 양기의 힘을 빌어 경작을 도울 수 있다.

'두'斗는 남두육성을 가리킨다. 해와 달의 교차점이자 한해가 시작되고 마무리되는 지점을 나타낸다.

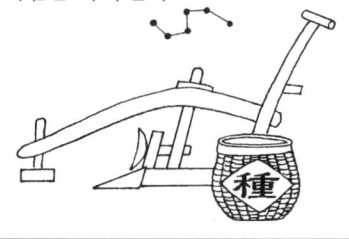

동방 창룡蒼龍 7수

'기'箕는 기基, 곧 만물의 기초를 가리킨다.

'미'尾는 매우 사소한 것을 말하는데, 만물이 처음 생겨날 때는 꼬리처럼 작고 가냘프기 때문이다.

'심'心은 아芽인데, 초목의 여린 싹이 갓 돋아남을 가리킨다.

'방'房은 만물의 문이 이미 열려 있다는 의미다.

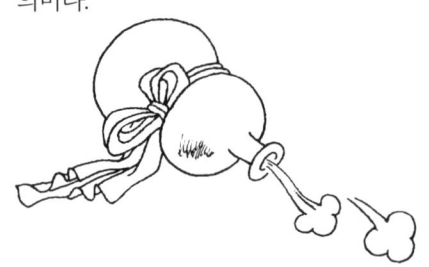

'저'氐는 출出이라는 의미로 초목의 생장을 가리킨다.

'항'亢은 항분亢奮, 곧 생장의 속도가 세찬 모습을 가리킨다.

'각'角은 초목이 모두 뿔 같은 모양의 곁순을 지니고 있음을 상징한다.

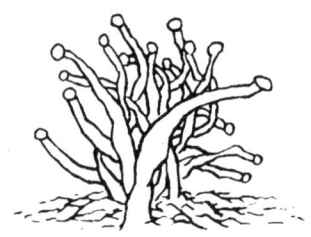

남방 주작朱雀 7수

'진'軫은 번繁으로 초목이 더욱 번성함을 상징한다.

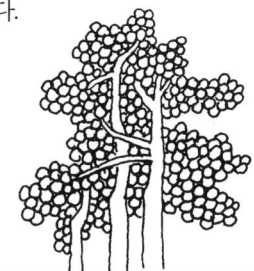

'익'翼은 만물의 모양이 날개를 지닌 듯함을 일컫는다.

'장'張의 의미는 개開로 만물이 창대해짐을 설명하고 있다.

'성'星은 일곱 개의 별로 이루어진 별자리이다. 양수陽數가 7에서 이미 완성(극성)되었음을 상징한다.

'유'柳의 의미는 주注다. 초목이 쇠미하기 시작하고 양기가 약해진다는 뜻이다.

'귀'鬼는 음陰을 뜻한다. 음기가 점차 돋아남을 상징한다.

'정'井은 우물이다. 음기가 샘에서 솟는 듯하다는 의미다.

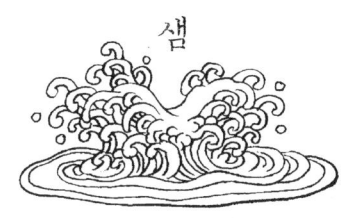

서방 백호白虎 7수

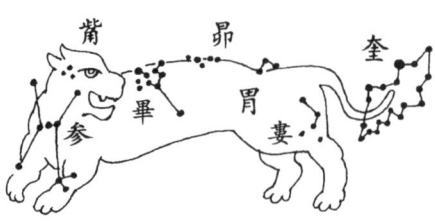

'삼'參은 참험參驗, 곧 모든 만물을 비교 검사할 수 있다는 의미다.

'자'觜는 취嘴로 만물이 양육의 기운을 잃고 탄식함을 상징한다.

'필'畢은 종終이다. 초목이 모두 종말을 맞이한다는 뜻이다.

'묘'昴의 의미는 유留다. 만물이 생성되어 계류됨을 가리킨다.

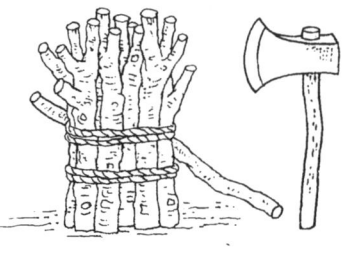

'위'胃는 양기가 마치 위 속으로 들어가듯이 숨어드는 모습을 상징한다.

'누'婁는 위蔞로 비축한다는 의미다.

'규'奎는 큰 돼지를 가리킨다. 만물을 독살해 묻는 책임을 진다.

간지干支 풀이

갑을병정무기경신임계의 천간과 자축인묘진사오미신유술해의 지지는 고대의 태극, 팔괘, 그리고 《주역》의 사유와 논리의 기본으로, 그 내용이 분석과 사유의 요소로 작용하면서 시공이 유기적으로 통일되는 것이 현저한 특징이지. 이제부터 그 글자의 의미를 소개할 참이야.

천간 열 글자는 '갑'甲에서 시작된다. 갑은 초목이 땅을 뚫고 돋아날 때 그 안에 양기를 품은 모습이다. 	'을'乙은 초목이 갓 돋아나 가지와 잎이 부드럽게 구부러진 모습을 상징한다. 
'병'丙은 병炳으로, 밝은 태양이 만물을 비춰 드러내 보이는 모습을 상징한다. 	'정'丁은 초목이 마치 성인처럼 튼실하게 자라난 모습을 상징한다. 
'무'戊는 무茂, 곧 대지의 초목이 무성한 모습을 상징한다. 	'기'己는 기起와 기記로, 만물이 곧게 펴고 일어나 기록할 만한 모습을 갖춤을 상징한다. 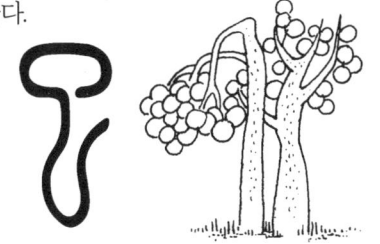

'경'庚은 경更이니, 가을에 수확을 마치고 봄이 오기를 기다린다는 의미다.

'신'辛은 매운맛과 신생을 가리킨다. 시든 만물은 새로이 개화하고 결실을 맺는다.

'임'壬은 양기가 땅속에 잠복해 있으면서 만물을 잉태함을 상징한다.

'계'癸는 규揆다. 만물은 땅속에서 회임해 싹을 틔운다.

십이지지는 '자'子에서 시작된다. '자'는 얼蘖(움)이다. 양기가 자라기 시작해 움을 틔운다. 십이율은 황종에 상응한다.

'축'丑은 유紐로 한기寒氣가 스스로 몸을 굽힌다는 뜻이다. 십이율은 대려에 상응하고, 황종을 도와 양기를 발양한다.

'인'寅은 연演으로 널리 펴서 만물을 낳는다는 의미다. 십이율은 태주에 상응하고, 왕성한 양기를 모아 만물이 발생한다.

'묘'卯는 모冒로 땅을 뚫고 나온다는 뜻이다. 십이율은 협종에 속하고, 음양이기가 뒤섞인 상태다.

 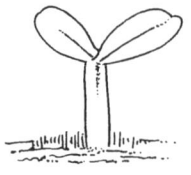

'진辰'은 신伸으로 만물이 기운차게 펼치고 나온다는 뜻이다. 십이율은 고선에 상응한다.

'사巳'는 이已로 양기가 극점에 달했다는 뜻이다. 십이율은 중려에 속하고, 만물의 남방 이동을 상징한다.

'오午'는 오忤로 양기가 음기를 거역한다는 뜻이다. 십이율은 유빈에 속하고, 양기가 작아 일을 주도할 수 없다.

'미未'는 매昧로 낮인데도 어두워 방향을 찾지 못한다는 뜻이다. 십이율은 임종에 속해 만물의 임종을 나타낸다.

'신申'은 신身으로 만물이 신체를 갖춘다는 말이다. 십이율은 이칙에 속하고, 음기가 만물을 손상시킨다.

'유酉'는 수秀로 만물이 이루어짐을 말한다. 십이율은 남려에 속하고, 양기가 몸을 감추고 땅속으로 들어간다.

'술戌'은 멸滅로 만물이 쇠퇴한다는 뜻이다. 십이율은 무역에 속하고, 음이 성하고 양이 다한 상황이다.

'해亥'는 만물을 수장해 진위를 살핀다는 뜻이다. 십이율은 응종에 속하고, 양기와 상응하므로 이를 위주로 해서는 안된다.

십이지지와 띠

십이지지와 열두 띠의 연결은 늦어도 한나라 시대에 정형화되었다. 간지로 햇수를 세는 십이지(子丑寅卯辰巳午未申酉戌亥)에 열두 동물(쥐, 소, 호랑이, 토끼, 용, 뱀, 말, 양, 원숭이, 닭, 개, 돼지)을 짝지워 외우기 쉽게 했다. 갑자甲子, 병자丙子, 경자庚子처럼 '자'를 지닌 해는 '쥐의 해'로, 그 해에 태어난 사람은 쥐띠다. 이 같은 방식으로 나머지 띠도 유추할 수 있다.

지지는 천간 아래서 땅을 주관하므로 각 동물의 발톱을 상징으로 취했다. 자, 인, 진, 오, 신, 술의 여섯은 양陽에 속해 발톱이 홀수인 동물이 배속되었다. 쥐, 호랑이, 용, 원숭이, 개는 발가락이 다섯, 말은 외발굽이다. 축, 묘, 사, 미, 유, 해는 음에 속하므로 발톱이 짝수인 동물이 배속되었다. 소, 토끼, 양, 닭, 돼지는 네 발톱이고, 다리가 없는 뱀은 혀가 두 갈래라서다. 열두 동물과 십이지지가 짝지워진 연유이다.

재미있는 건 자子와 쥐의 결합이다. '자'는 양에 속하지만, 음의 일면도 있다. 밤 11시부터 다음날 새벽 1시까지인 자시는 자정 전은 음, 자정 이후는 양에 속해 음양을 겸비한 동물이 필요하다. 쥐는 앞발가락이 4개 짝수로 음에 속하고, 뒷발가락은 5개 홀수로 양에 속한다. 음양을 겸한 쥐가 '자'와 딱 맞아떨어져 열두 띠의 앞자리에 놓였다.

오행학설과 장하長夏

'장하'長夏는 두 가지가 있다. 하나는 오행과 사계의 결합이다. 즉 1년은 겨울(水), 봄(木), 여름(火), 가을(金) 각 72일과 중앙 토土에 속하고 변화가 두드러진 사계절의 끝 18일씩(계동, 계춘, 계하, 계추)을 합한 72일로 이루어진다. 사계절에 대한 토의 역할은 진辰, 술戌, 축丑, 미未에서 왕성해 정해진 위치도 정해진 시기도 없다.

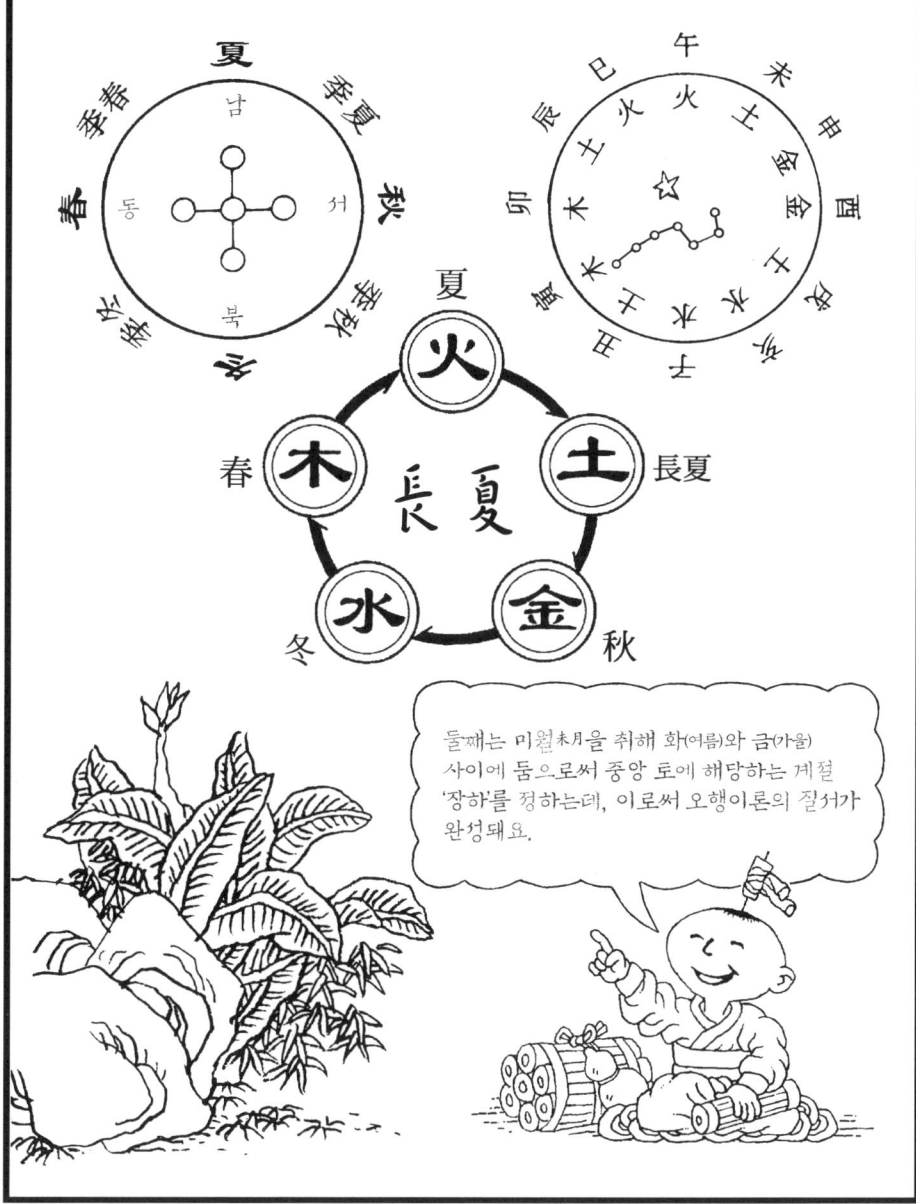

둘째는 미월未月을 취해 화(여름)와 금(가을) 사이에 둠으로써 중앙 토에 해당하는 계절 '장하'를 정하는데, 이로써 오행이론의 질서가 완성돼요.

황종黃鐘은 만사의 근본

'황종'은 십이율의 하나로 율은 음률을 가리키지. 도량형과 불가분의 관계로, 관찬사서에서 도량형의 내용을 음률명 아래 서술할 정도야. 그래서 만사의 근본으로 불리는데, 그 연유를 알려면 창제의 원천부터 살펴야겠지.

'황종'의 수數는 하도에 뿌리가 있으며, 그 근원과 구조는 역학과 같다. 옛사람들은 하도의 이치에 따라 음악이 5개의 성聲과 6개의 율律로 구성된다고 여겼다.

태소太少로 나뉘는 음은 일日에 대응해 10개, 음양으로 나뉘는 율은 시진時辰에 대응해 12개지요.

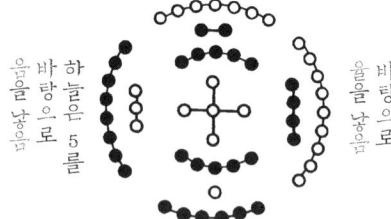

양수 중앙의 5는 하늘을 본뜸

하늘은 바탕으로 5를 음을 낳고

땅은 바탕으로 6을 율을 낳고

음수 2, 4, 8, 10 사이의 6은 땅을 본뜸
(하도 중5와 바깥원의 생수는 오음의 장단)

음音에는 형形이 없으나 악樂에는 기器가 있으니, 기와 음을 잃지 않기 위해 십이율을 제정해 정음의 기준을 삼았다. 황제의 명을 받은 악관 영윤이 봉황 소리를 본뜨고 해곡의 대나무를 가져다 삼분손익법을 이용해 십이율을 만들었다고 전한다.

이 9촌寸 길이의 대나무관에서 나는 소리가 황종이라네.

황종의 '황'黃은 오행 중 토土의 색깔이고, '종'鐘은 대기가 씨를 뿌린다는 의미다. 관 속의 공기가 진동하며 내는 소리를 기준음 삼아 파생되는 음률을 얻을 수 있다.

임종 소리를 내는 관을 3분의 1 늘여 얻은 음을 태주太簇라고 한다.

이처럼 손損과 익益을 12회 반복하면 '중려'仲呂라는 가장 높은 음을 얻는다.(중려를 가지고 '삼분손익'을 계속하면 황종보다 8도 높은 음을 얻을 수 있다.)

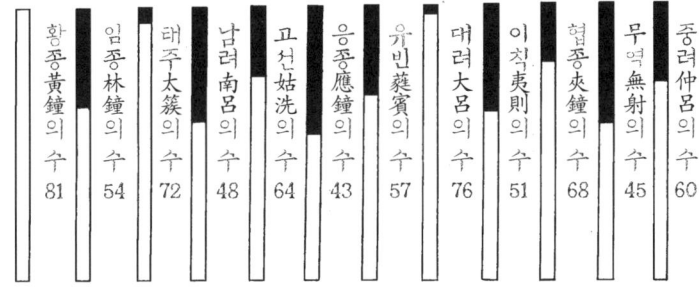

이들을 '좌선격팔左旋隔八, 우전격륙右轉隔六' '우전격팔右轉隔八, 좌선격륙左旋隔六'의 순서, 즉 낮은 음부터 높은 음 순서로 배열한 것이 십이율이다(하생下生은 '손', 상생上生은 '익'). 십이율은 각각 사성四聲에서 비롯되었으며, 오음의 장단 순서는 궁상각치우宮商角徵羽 (오음이 상생하면 궁치상우각)이다.

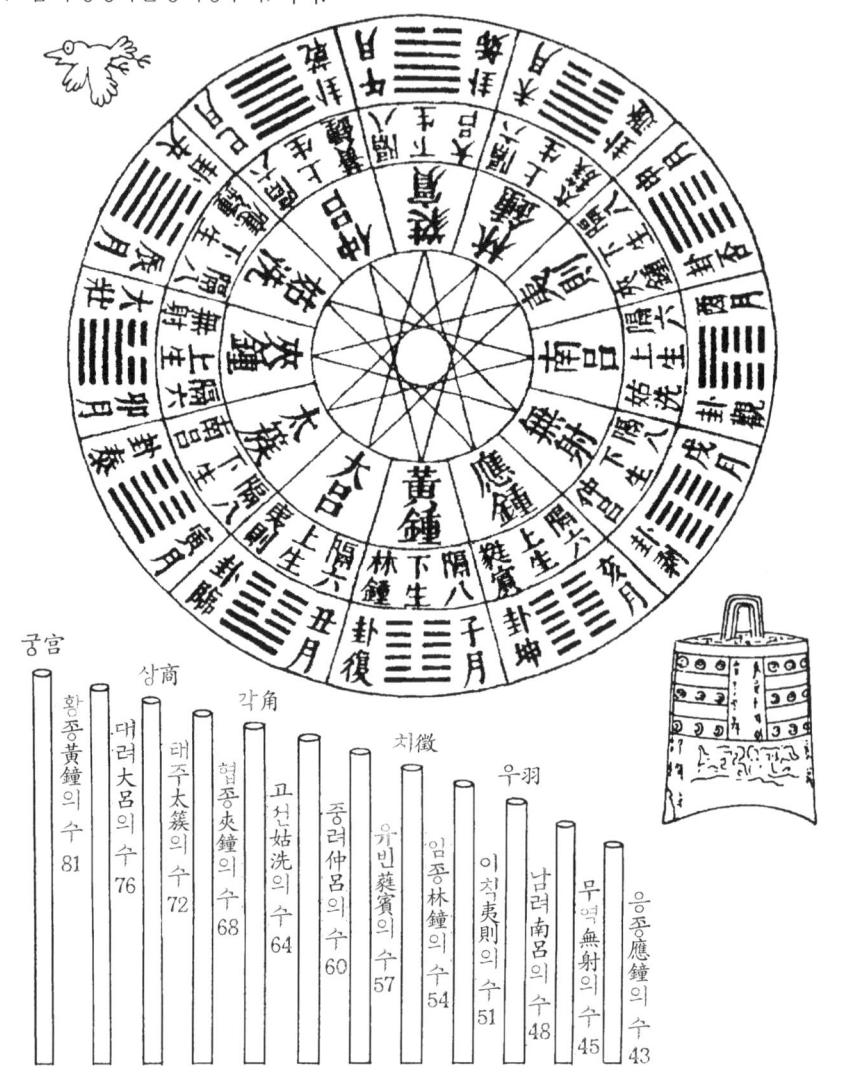

그림은 황종을 본궁 삼은 것으'로 황종(궁), 태주(상), 고선(각), 임종(치), 남려(우)의 오음은 삼분손익의 초기 4회에서 얻는다. 임종을 궁 삼으면 남려가 상, 응종이 각, 태주가 치, 고선이 우인 임종궁의 음이 된다. 나머지도 마찬가지다. 그래서 황종의 음이 정해지면 임종이 응하고, 대려의 음이 정해지면 이칙이 응해 동음상응하게 된다.

이들 십이율에서 60음이 만들어진다. 예를 들어 황종은 '자'子에 속하므로 '자'에 해당하는 갑자치甲子徵, 병자우丙子羽, 술자궁戌子宮, 경자각庚子角, 임자상壬子商이 황종오음이다. 대려는 '축'丑에 속하므로 을축, 정축, 기축, 신축, 계축이 대려오음이다.

甲子	乙丑	丙寅	丁卯	戊辰	己巳	庚午	辛未	壬申	癸酉
甲戌	乙亥	丙子	丁丑	戊寅	己卯	庚辰	辛巳	壬午	癸未
甲申	乙酉	丙戌	丁亥	戊子	己丑	庚寅	辛卯	壬辰	癸巳
甲午	乙未	丙申	丁酉	戊戌	己亥	庚子	辛丑	壬寅	癸卯
甲辰	乙巳	丙午	丁未	戊申	己酉	庚戌	辛亥	壬子	癸丑
甲寅	乙卯	丙辰	丁巳	戊午	己未	庚申	辛酉	壬戌	癸亥

60음에 다시 지수地數 6을 곱하면 1년 360일이 된다.

오음과 오행의 조합은 다음과 같다. 토土에 속하는 궁음은 후음喉音으로 소리가 매우 길고 낮고 탁하다. 궁음에서 생긴 치음은 치음齒音으로 소리가 두 번째로 짧고 높고 맑다. 치음에서 생긴 악음齶音인 상음은 소리가 두 번째로 길고 낮고 탁하다. 상음에서 생긴 순음脣音인 우음은 소리가 매우 짧고 높고 맑다. 우음에서 생긴 설음舌音인 각음은 장단, 고저, 청탁 모두 중간이다.

궁宮	10	토	중	궁宮	5	토	중
상商	9	금	서	상商	4	금	서
각角	8	목	동	각角	3	목	동
치徵	7	화	남	치徵	2	화	남
우羽	6	수	북	우羽	1	수	북

오음의 기원은 두 가지 설이 있다. 하나는 천상에서 유래한 것으로, 궁은 28수가 둘러 싼 북극성, 상은 동방 창룡 7수 중의 심수心宿인 삼성三星의 주성, 각은 동방 창룡 7수 중의 각수角宿, 치는 동방 창룡 7수 중의 저수氐宿, 우는 남방 주작 중의 익수翼宿이다.

이 오음은 8도 범위 내에서 반복 사용할 수 있지.

다른 하나는 소, 말, 닭, 돼지, 양의 울음소리에서 유래되었다는 설이다. 옛사람들이 각 동물의 울음소리에서 음을 취했다는 것이지만, 고대에 유행한 공척보 창법의 음은 상上, 공工, 범凡, 육六, 오五, 일一이었다.

각음은 닭 울음소리다.

치음은 돼지 울음소리다.

궁음은 소 울음소리다.

상음은 양 울음소리다.

우음은 말 울음소리다.

오음육률의 기원과 원리를 살펴보았다. 하지만 소리는 무형의 것인데 황종의 기준음을 정하면서 대나무 관의 길이를 9촌, 원지름을 9푼으로 한 것은 왜일까?

영윤은 모양이 일정한 수수알을 길이 단위로 삼아 십이율을 정했다고 한다. 상당 지방에서 나는 질좋은 수수알의 세로길이를 1푼, 9푼을 1촌 삼으니, 9촌은 81알이 되었다. 수수알의 폭을 1푼, 10푼을 1촌으로 해도, 방법은 다르지만 길이는 같았다.

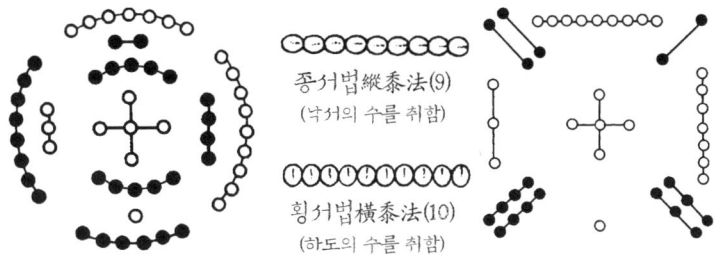

종서縱黍 81알의 길이가 횡서橫黍 100알의 폭과 일치하기 때문으로, 옛사람들은 천지자연의 오묘함을 체현한 것이라고 간주하였다. 그래서 수수알을 수, 화성은 물론, 길이, 부피, 무게를 재는 도량형 등 만사만물의 근본법칙에 활용하였다. 《주역》이 규표에서, 규표가 황종에서 비롯되었다는 것은 그 때문이다.

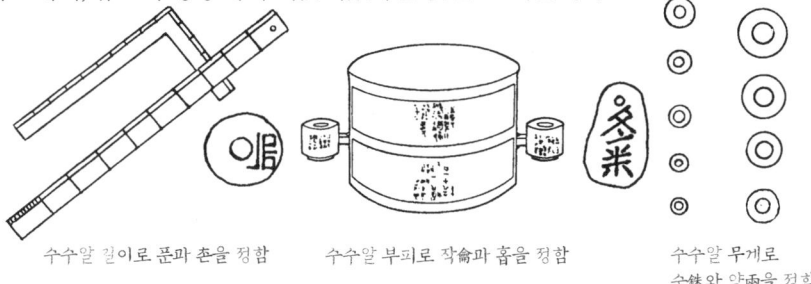

맺는 말

역학의 매력은 무엇보다 공리화 기법을 사용하는 데 있다. 인류문명 초창기의 원시개념과 입증되지 않은 소수의 공리, 가설에서 출발해 연역적 추리를 거침으로써 인류의 천성적 고유명제라고 할 수 있는 천인합일 세계관의 지도 아래 모두를 추론해냄은 물론, 일련의 완성된 논리체계를 형성한다.

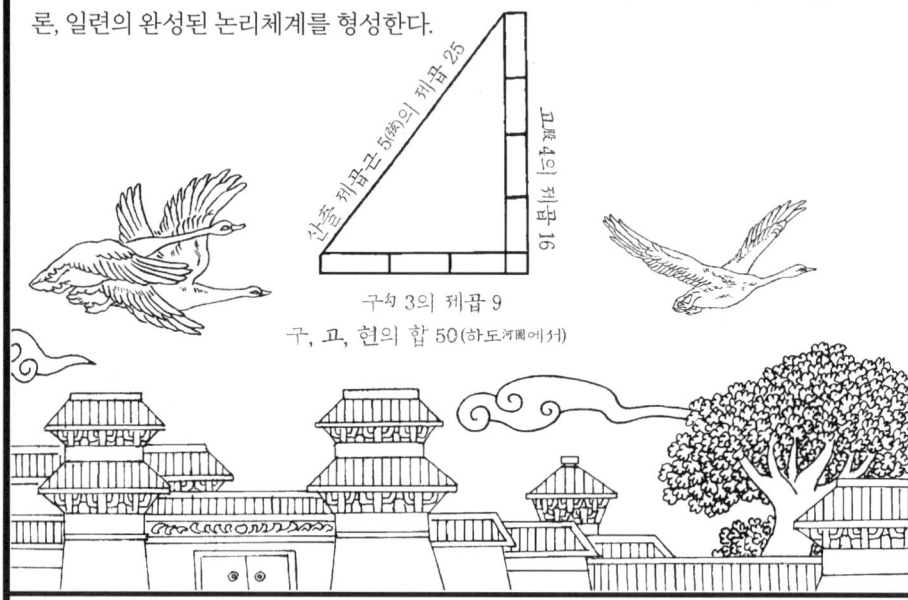

구, 고, 현의 합 50 (하도河圖에서)

이 '천도天道의 수'가 유추해내는 논리체계 덕분에 동양 전통문화는 경험의 굴레에서 벗어날 수 있었다. 단순한 경험이나 귀납적 방식에 의해 획득한 지식은 통계와 확률의 한계를 피할 수 없고, 보편필연적인 유효성에 이르기 어렵다. 이런 방대한 문명이 오래도록 지속된 데는 다 이유가 있다.

옮긴이의 말

《주역》은 오랜 시간에 걸쳐 응축된 동양사상의 정수이자 뿌리다. 고대인들의 세계관과 예지가 담긴 철학서로서 오늘날에도 광범위한 영역에 걸쳐 그 영향력이 여전하다.

《주역》에 심취한 공자는 죽간의 끈이 세 번 끊어지도록 《주역》을 읽고 또 읽었다는 고사가 전해온다. 유가에서는 《주역》을 경전 중의 으뜸으로 존중한다. 노자의 사상은 《주역》의 충실한 계승 위에서 이루어졌다. 춘추전국시대 백가쟁명의 투쟁은 기본적으로 《주역》의 무대 위에서 펼쳐졌다. 이진법은 주역 64괘를 본 라이프니츠에 의해 고안되었다고 한다. 아인슈타인은 《주역》을 만물의 정수라고 평가하였다. 5천 년이나 지난 오래고 난해한 세계관이 여전히 살아남아 그 영향력을 확대해가는 이유는 무엇일까?

그 해답의 하나는 이 책 《만화 주역》에도 있지 싶다. 화가 저우춘차이가 그림을 그리고 글을 쓴 《만화 주역》은 전 세계 10여 개 언어로 번역 출판되어 널리 사랑받고 있다. 그만큼 《주역》을 공부하려는, 《주역》의 세계에 심취한 독자들이 많다는 말이다. 그동안 《주역》은 특수한 사람들이나 보는 책이었다. 너무도 추상적이고 난해해 해설을 읽어도 무슨 말인지 알기 어려웠다.

저자는 오랫동안 고전의 연구와 대중화에 매달려왔다. 이 책은 그 가장 대표적인 결실이라 할 수 있다. 저자는 만화라는 장치를 통해 대중성을 살려냈다. 정교하고 친근한 일러스트와 옛 문자 및 그림에 대한 요령 있는 해설을 따라가다 보면 어느새 추상적인 이미지가 하나하나 이해 가능한 개념으로 머릿속에 들어온다. 심지어 재미있기까지 하다. 그러면서도 원문에 충실하다는 게 이 책의 미덕이다. 청소년들도 충분히 이해할 수 있는《주역》입문서이다. 여러 차례 수정을 거듭해 다듬은 최신 수정본으로,《만화 논어》《만화 노자》《만화 장자》와 함께 고전의 지혜를 널리 알리기 위해 기획한 시리즈의 한 권이다.

한마디 덧붙일 것은 한의학과《주역》을 연결지워 설명하는 탁월함이다. 이 책의 후반부는 한의학과 주역이 한뿌리임을 재미있게 일러주는 내용으로 채워져 있다.

만화로 읽는 고전 1
《만화 주역》

2021년 8월 05일 초판 1쇄 찍음
2024년 2월 10일 초판 3쇄 펴냄

지은이	저우춘차이
옮긴이	김명신·김해경
펴낸이	이상
펴낸곳	가갸날
주소	경기도 고양시 일산동구 강선로 49 BYC 402호
전화	070.8806.4062
팩스	0303.3443.4062
이메일	gagyapub@naver.com
블로그	blog.naver.com/gagyapub
페이지	www.facebook.com/gagyapub
디자인	강소이
ISBN	979-11-87949-54-1 07140
	979-11-87949-53-4 07140(세트)